# BEI GRIN MACHT SICH IHR
# WISSEN BEZAHLT

- Wir veröffentlichen Ihre Hausarbeit,
  Bachelor- und Masterarbeit

- Ihr eigenes eBook und Buch -
  weltweit in allen wichtigen Shops

- Verdienen Sie an jedem Verkauf

## Jetzt bei www.GRIN.com hochladen
## und kostenlos publizieren

Anonym

# Grundlagen der Organisationstheorie. Aufbauorganisation, Ablauforganisation, Unternehmenskultur und Organisatorischer Wandel

GRIN Verlag

**Bibliografische Information der Deutschen Nationalbibliothek:**

Die Deutsche Bibliothek verzeichnet diese Publikation in der Deutschen National-
bibliografie; detaillierte bibliografische Daten sind im Internet über http://dnb.d-
nb.de/ abrufbar.

**Impressum:**

Copyright © 2006 GRIN Verlag GmbH
Druck und Bindung: Books on Demand GmbH, Norderstedt Germany
ISBN: 978-3-656-75662-0

**Dieses Buch bei GRIN:**

http://www.grin.com/de/e-book/281580/grundlagen-der-organisationstheorie-
aufbauorganisation-ablauforganisation

**GRIN - Your knowledge has value**

Der GRIN Verlag publiziert seit 1998 wissenschaftliche Arbeiten von Studenten, Hochschullehrern und anderen Akademikern als eBook und gedrucktes Buch. Die Verlagswebsite www.grin.com ist die ideale Plattform zur Veröffentlichung von Hausarbeiten, Abschlussarbeiten, wissenschaftlichen Aufsätzen, Dissertationen und Fachbüchern.

**Besuchen Sie uns im Internet:**

http://www.grin.com/

http://www.facebook.com/grincom

http://www.twitter.com/grin_com

# Organisation

## 1. Grundlagen der Organisationstheorie

### 1.1 Begriff der Organisation

#### 1.1.1 Der instrumentelle Organisationsbegriff

Der instrumentelle Organisationsbegriff begreift „Organisation" primär als eine Tätigkeit beziehungsweise als das Ergebnis dieser Tätigkeit. Die Organisation ist aus dieser Sicht ein Instrument der Führung, das den betrieblichen Leistungsprozess steuern hilft. Im Rahmen dieses instrumentellen Begriffes werden wiederum zwei verschiedene, historisch unterschiedlich entwickelte Organisationsauffassungen vertreten.

a) Organisation als Tätigkeit

Ausgangspunkt dieser Begriffsbildung ist das System der Produktionsfaktoren nach Gutenberg. In diesem existieren neben den drei Elementarfaktoren Arbeit, Betriebsmittel und Werkstoffe der so genannte dispositive Faktor. Dieser bezieht sich auf die eigentlichen Kerntätigkeiten der Unternehmensführung. Der dispositive Faktor enthält neben einer intuitiven, der rationalen Analyse weitgehend entzogenen Dimension auch rational durchdringbare Führungsfunktionen. Hierzu zählt zum einen die Planung als geistiger Entwurf des zukünftigen Handelns, zum anderen der Vollzug als die Realisierung des zuvor Geplanten.

Die Organisation ist nach Gutenberg ein der Planung nachgeordnetes Vollzugsinstrument der Führung. Ihre Tätigkeit ist durch die Inhalte der Planung vorherbestimmt, sie setzt lediglich das ins Werk, was zuvor als sinnvoll und im Interesse der Unternehmensziele liegend erdacht wurde.

b) Organisation als Konfiguration

Eine dem Namen der enthält Sichtweise wichtige Gegenposition zu Gutenberg vertritt Kosiol. Für Kosiol bedeutet „Organisation" die dauerhafte Strukturierung von Arbeitsprozessen, also die permanente, situationsunabhängige Verknüpfung der Organisationselemente Aufgabe, Person, Information und Sachmittel.

Dies allein würde ebenfalls eine tätigkeitsorientierte Sicht bedeuten. Kosiol geht im Weiteren jedoch um das Ergebnis dieser Tätigkeit. Die Organisation erscheint ihr als ein festes, formgebendes Gehäuse, das der laufenden betrieblichen Disposition vorgeordnet ist, und dessen stabiler Rahmen der betrieblichen Aufgabeerfüllung letztlich erst die so dringend benötigte Konstanz verleiht. „Organisation" wird somit ebenfalls instrumentell aufgefasst, beschreibt aber weniger einen Prozess, als vielmehr ein spezifisches Prozessresultat. Also: das Unternehmen hat eine Organisation.

Der Kosiolsche Organisationsbegriff ist im Vergleich zu Gutenbergs Sichtweise also deutlich statischer ausgerichtet. Für letzteren bedeutet Organisieren ein situationsangepasstes Kombinieren von generellen und fallweisen Regelungen. Für Kosiol besteht Organisieren vor allem in der systematischen und möglichst dauerhaften Dekomposition und Wieder-Zusammenfassung der organisatorischen Einzelverrichtungen.

## 1.1.2 Der institutionelle Organisationsbegriff

"Organisation" meint eine Art Lebensform, das heißt die Organisation ist nicht länger ein Instrument, mit dem die Unternehmensleitung ihre Ziele und Pläne verwirklicht, sondern die Organisation entwickelt gleichsam eine eigenständige Persönlichkeit. Man kann auch sagen: das Unternehmen ist eine Organisation.

Zentrale Elemente des institutionellen Organisationsbegriffs:

a) spezifische Zweckorientierung

Organisationen finden sich nicht zufällig zusammen, vielmehr ergibt sich ihre Daseinsberechtigung aus der Erfüllung ganz bestimmter Zwecke. Die außerordentliche Bedeutung dieses Merkmals kann man unter anderem daran ablesen, dass Organisationen von der amtlichen Statistik vorrangig nach ihrem jeweiligen Betätigungsfeld sortiert werden.

b) geregelte Arbeitsteilung

Organisationen bestehen per Definition aus mehreren Personen. Eine Organisation ist gekennzeichnet durch die absichtsvolle Zusammenlegung von Ressourcen auf der einen und gemeinsamen Interessen auf der anderen Seite. Ziel dieser Zusammenlegung ist die Erwirtschaftung einer so genannten Kooperationsrente. Hierunter versteht man den Leistungsüberschuss, den eine Ansammlung von Ressourcenträgern dadurch erwirtschaftet, dass sie darauf verzichtet, alle zur Unternehmensführung erforderlichen Tätigkeiten bzw. Potenziale alleine auszuführen bzw. ungeteilt zu besitzen. Eine Kooperationsrente wird also dadurch erzielt, dass man sich auf verschiedenen Ebenen auf bestimmte Eignungen in und Leistungen konzentriert.

c) relativ eindeutige Grenzen

Eine Organisation könnte nicht dauerhaft bestehen, wenn sie nicht über einen Mechanismus zu Unterscheidung von " Innen" und " außen" verfügen würde. Diese diskriminitorische Leistung muss erbracht werden, um Organisationsmitglieder anders behandeln zu können als Außenstehende; andernfalls würde die Mitgliedschaft in einer Organisation für die Internen uninteressant.

d) Selbsterhaltung und Kontinuität

Eine Organisation kann ihren Zweck nur erfüllen, wenn sie eine gewisse Konstanz und Beständigkeit an den Tag legt. An ihrem Fortbestehen haben alle Interesse, gehen irgendeiner Form von ihr profitieren.

Im Zentrum des institutionellen Organisationsbegriffs steht weniger die Errichtung einer zweckmäßigen formalen Ordnung, als vielmehr die theoretische Analyse des organisierten Handels in kooperativen Sozialsystemen.

## 1.2 Logik und Ziel formaler Organisationsregelungen

Organisationen ziehen wesentliche Teile ihrer Gesamteffizienz aus Routine. Sie setzen darauf, dass bestimmte Ereignisse, Anforderungen, Probleme, Verrichtungen etc. immer wieder in unveränderter Form auftreten und es sich daher lohnt, einmal grundsätzliche Überlegungen über die möglichst zweckmäßigen Bewältigung dieser Situation anzustellen. Diesbezüglich bewährte Verhaltensmuster werden anschließend dauerhaft in Regeln und Vorschriften festgeschrieben. Organisatorische Regelungen sind insofern das Ergebnis der von den Unternehmensmitgliedern im Zug ihre Tätigkeit durchlaufenen Lernprozesse.

Eine solche Haltung ist letztlich Ausdruck einer Philosophie der präsituativen Regelung. Damit ist gemeint, dass sich das nach dem Eintreten eines konkreten Entscheidungsproblems Überlegungen zu dessen Lösung einsetzen, sondern dass bereits im Vorfeld Probleme antizipiert werden. „Organisiert" ist demnach das, was Gegenstand einer dauerhaft gültige Verhaltensvorschrift ist, und somit der unternehmerischen Handlungsroutine unterworfen werden kann.

Unter diesem Aspekt konstituieren die organisatorischen Regeln die Organisationsstruktur.

Dass Regelbildung letzten Endes als das Entwerfen von Standardlösungen für Standardprobleme betrachtet werden kann.

In einer etwas systematischeren Sichtweise sind Koordinations-, Informations- und Motivationsfunktion formaler Regelungen zu unterscheiden. Hinsichtlich der Koordinations- und Informationsfunktion kann gemäß obiger Überlegungen unterstellt werden, das Regeln:

- Die Verhaltensunsicherheit der Kooperationspartner reduzieren;
- die Aufgabenträger mit Informationen versorgen;
- die Effizienz und Verlässlichkeit der Entscheidungsfindung verbessern sowie
- durch klare Abgrenzung von regelbetroffenen und nicht-regelbetroffenen Bereichen identitätsstiftend wirken

Organisationen bieten ihren Mitgliedern darüber hinaus intrinsische Anreize. Sie stellen mithin Mittel der individuellen Bedürfnisbefriedigung dar und erscheinen dem Einzelnen daher auch als Gratifikationsreservoir. Regeln besitzen insofern unbestritten auch eine Motivationsfunktion.

Damit Regeln ihre Funktionen erfüllen können, müssen sie langfristig angelegt und in ihrem Inhalt weitestgehend stabil sein. Was aber geschieht, wenn die Routinisierbarkeit der betrieblichen Entscheidungen abnimmt. Hier nur so viel: Organisationen müssen ihre Regeln kontinuierlich pflegen, d. h. von Zeit zu Zeit auch auf ihre Berechtigung überprüfen, um den positiven Wirkungen aufrechterhalten zu können.

Zusammenfassend kann das Hauptziel organisatorischer Regeln darin gesehen werden, durch Information und Belohnung das Verhalten der Organisationsmitglieder zu kanalisieren.

1.3 Zentrale Regelungstatbestände der Organisationsgestaltung

Versteht man „Organisation" vorwiegend als Tätigkeit, dann spielen drei Grundfragen eine besondere Rolle:

a) Generelle versus fallweise Regelung

Dieses Problem bezieht sich auf die Frage, ob ein Unternehmen generelle Organisationsregelungen angestrebt, oder ob es das Unternehmen als geeigneter ansieht, einzelfallbezogener Regelungen zu treffen, also für jeden Geschäftsvorfall eine gesonderte

Anordnung ergehen zu lassen. Gutenberg beantwortet diese Frage durch das Substitutionsgesetz der Organisation. Dieses Gesetz geht davon aus, dass es im Zuge der Unternehmensentwicklung zu einer permanenten Ersetzung fallweise durch generelle Regelungen kommt, da hierdurch bei häufig vorkommenden Tatbeständen Effizienzvorteile erzielt werden können. Die generellen Regelungen sind wiederum Ausdruck einer zunehmenden Organisationserfahrung.

Insgesamt ergibt sich somit ein optimaler Regelungsgrad, der dann erreicht ist, wenn der Grenznutzen einer weiteren generellen Regelung gleich Null ist, also keinen weiteren Regelungsnutzen mehr stiftet.

b) Ausmaß der Regelungsdichte

Je mehr Regeln in einem Unternehmen etabliert werden, umso stärker wird der betriebliche Leistungsprozess standardisiert. Stellt sich somit die Frage nach der Intensität, mit der das Handeln der Organisationsmitglieder durch festgesetzte Regeln vorbestimmt wird. Diesen Tatbestand beschreibt der Begriff des organisatorischen Normierungsgrades.

Organisatorische Regeln schränken den Handlungsspielraum des einzelnen ein und sollen:

- Verhalten vorhersagbar machen
- Verhalten effizient machen
- Verhalten nachvollziehbar machen
- Verhaltenserfahrungen übertragbar machen

c) Formale und informale Regelungen

Die klassische Organisationstheorie widmet sich allein formal-rationalen Gestaltungsvorgängen. Unverkennbar ist jedoch, dass es in jedem Unternehmen ein neben einander von formalen und informalen Regelungen gibt. Während die formalen Regelungen bewusst gestaltet, personenunabhängig formuliert und häufig schriftlich dokumentiert sind, sind informalen Bestimmungen personenabhängig und undokumentiert. Diese informalen Regelungen wurden als Konkurrenz und Störfaktor der formalen Ordnung begriffen. Diese Sichtweise hat sich heute zu Gunsten einer tendenziellen Aufwertung formaler Regelungen als einem stabilisierenden und gleichzeitig flexibilitätserhaltenden Faktor im Unternehmen gewandelt.

Formale und informale Phänomene besitzen eine enge Verbindung zu den Prozessen der Fremd- und Selbstorganisation. Auch hinsichtlich dieser Begriffe fand in der Forschung inzwischen eine Umbewertung statt: die Fremdorganisation wurde im Zusammenhang mit dem Leitbild eines allwissenden Organisators gesehen und zunächst als einzig rationale Form organisatorischen Gestaltens betrachtet. Das entsprechende Leitbild wurde ganz wesentlich durch die Kosiolsche Organisationsphilosophie geprägt. Hiernach gibt es einige professionelle Organisatoren, die nicht nur über vollständige Informationen hinsichtlich der zweckmäßigsten Struktur verfügen, sondern auch über ein monopolistisches Durchsetzungsvermögen.

Im Laufe der Popularisierung des betriebswirtschaftlichen Systemansatzes wurde diese Sichtweise zunehmend kritisiert. In dieser Folge trat dann auch das Konzept der mikrosystemischen Selbstorganisation stärker den Vordergrund. Hiermit sind vor allem selbstständige Verbesserungen der in einem Unternehmen eingesetzten Methoden auf den unteren Systemebenen gemeint. Jeder eine Schnelle kann und darf demnach vorgegebene

Verfahren, Methoden, Instrumente usw. im Interesse einer effizienteren Aufgaben erfüllen verbessern. In diesem Sinne tritt neben die gemachte die spontane Ordnung.

Ziel der Organisationsgestaltung ist es demnach, die Haltungsspielräume der Organisationsmitglieder auf ein kritisches Minimum beschränken. Als Grundsatz gilt: so viel Regelung wie nötig, so viel Freiraum wie möglich.

### 1.4 Instrumentvariablen der Organisationsgestaltung

Eine der bislang ungeklärten Fragen ist diejenige nach der Erfassung und Konzeptionalisierung von Organisationsstruktur. Also: Welche generellen Dimensionen besitzt das Aufbau- und Ablaufgerüst einer Organisation?

Es soll von fünf Dimensionen der formalen Organisationsstruktur ausgegangen werden. Da diese letztendlich die Stellgrößen repräsentieren, mit denen die betrieblichen Organisationsgestalter die von ihnen gewünschte Strukturkonstellationen einrichten können, darf mit einiger Berechtigung auch von Instrumentvariablen der Organisationsgestaltung gesprochen werden.

a) Spezialisierung

Als Spezialisierung bezeichnet man eine bestimmte Form der Arbeitsteilung, bei der Teilaufgaben unterschiedlicher Art entstehen. Durch innerorganisationale Spezialisierung sollen Lern- und Übungseffekte bewirkt werden.

Die im Rahmen der Spezialisierung vordringlichen Entscheidungsprobleme betreffen zum einen die Art und zum anderen die Tiefe der Spezialisierung. Das erste Problem berührt vor allen Dingen die Frage, nach welchen Kriterien eine Stelle zu schaffen ist. Das zweite Problem führt zu der Frage, wie viele stellen oder Hierarchieebenen im Unternehmen eingerichtet werden.

b) Koordination

„ Regelungen, die der Abstimmung arbeitsteilige Prozesse und der Ausrichtung von Aktivitäten auf die Organisationsziele dienen."

Der im Unternehmen entstehende Koordinationsbedarf ist ein unmittelbares Ergebnis der Arbeitsteilung, welche vertikal Hierarchien und horizontal verschiedene, in der Regel voneinander entkoppelte Arbeitsteilung entstehen lässt.

Organisationen sehen sich demnach zwei widerstreitenden Gestaltungsaufgaben gegenüber: Arbeit um der hiermit verbundenen Effizienzvorteile willen zu teilen und diese Teilung anschließend wieder durch zusammenfassende Aktivitäten zu überwinden. Beide Aufgaben sind ihrem Wesen nach gegensätzlich, den wir stärker die Organisation ihre Aufgaben differenziert und spezialisiert, umso größere Anstrengungen muss sie wiederum zur Integration unternehmen.

c) Konfiguration

Die Konfiguration beschreibt die äußere Form des organisationalen Stellengefüges, bezieht sich also im Wesentlichen auf die Aufbauorganisation. Dabei der Analyse der äußere Form des Stellengefüges den Instanzen eine besondere Beachtung geschenkt wird, kann man diese Dimension auch als formales Leitungssystem betrachten.

In größeren Organisationen existiert in der Regel eine Vielzahl von Funktions- und Verantwortungsbereichen. Auf diese Weise entsteht ein mehrstufiges, hierarchisch gestaffeltes System von Instanzen, die untereinander sowie mit diversen Ausführungs- und Beratungsstellen verknüpft sind. Die daraus entstehende Konfiguration kommt vor allen Dingen in den allgegenwärtigen Organigrammen zum Ausdruck.

d) Delegation

Mit Entscheidungsdelegation ist die umfangmäßige Verteilung der Entscheidungsbefugnisse in einer Organisation gemeint.

Die Entscheidungsdelegation ist letztlich umso größer, je mehr Entscheidungsbefugnisse auf Grund genereller Regelungen offiziell an untere Hierarchieebenen abgegeben werden.

Während die Instrumentvariable „Konfiguration" die äußere Struktur der bestehenden Entscheidungsbeziehungen beschreibt, bezieht sich der Begriff der Delegation erste Linie auf inhaltliche und intensitätsmäßige Aspekte, das heißt er sagt etwas über die Art und Umfang der übertragenen Entscheidungsbefugnisse aus.

e) Formalisierung

Als Formalisierung bezeichnet man den Einsatz schriftlich fixierter organisatorischer Regeln.

Die wichtigsten Dimensionen der Formalisierung:
- die schriftliche Niederlegung organisatorischer Verhaltensregeln;
- die Formalisierung des internen Informationsflusses sowie
- die Formalisierung der Leistungserfassung und -beurteilung

1.5 Ausgewählte Ansätze der Organisationstheorie

1.5.1 Bürokratieansatz

Ein Grundthema in Max Webers Schaffen war die Analyse des von ihm ausgemachten Prozess der Rationalisierung. Dieser Prozess vollzieht sich nach Weber vor allem in drei menschlichen Lebensbereichen: auf der Ebene der Institutionen, der Weltbilder und Glaubenssysteme sowie der praktischen Lebensführung. Im vorliegenden Rahmen interessiert insbesondere die Rationalisierung auf der Ebene der Institutionen, in die auch das nachfolgend skizzierte Bürokratiemodell gehört.

Ausgangspunkt seiner Analyse ist die Unterscheidung dreier zentraler Herrschaftsformen des Menschen:
- traditionelle Herrschaft
- charismatische Herrschaft
- legale Herrschaft

Für Weber ist Bürokratie eine besondere Form der Herrschaftsausübung. Dementsprechend begreift er die traditionelle und charismatische Herrschaft als vorrationale Herrschaftsformen; nur die legale Herrschaft ist letztlich rational.

Bürokratische Herrschaft als Gegenentwurf zur feudalabsolutistischen Herrschafts- und Verwaltungsform. Dort:

- Machterlangung durch Wahl, Erbe oder Protektion
- Entlohnung aus „Pfründen"
- Willkür und Profitgier
- Bestellung auf Zeit

In einer Bürokratie:

- Beamtenverhältnis beruht auf einem Kontrakt
- Beamte werden aufgrund ihrer Fachqualifikation ausgewählt (erst Stelle, dann Person)
- Beamtenarbeit und -entlohnung geschieht nach festen Regeln
- Beamter als Hauptberuf auf Lebenszeit

Aus diesen Grundmerkmalen ergeben sich Berechenbarkeit, Sachlichkeit und Unpersönlichkeit der Aufgabenerfüllung als wesentliche Bürokratiewirkungen. Die Bürokratie ist als generalisierbares Organisationskonzept auf der Basis dieser Wirkungen allen anderen Verwaltungsformen überlegen.

Die Dysfunktion der Bürokratie bestehenden im Überblick darin, dass

- ihre Regeln zum Selbstzweck werden und die andernorts gepriesene Maschinenartigkeit zu Starrheit und Entscheidungsschwäche mutiert;
- blindes Befolgen von Regeln die betriebliche Disziplin überbetont und proaktives Verhalten verhindert;
- die für Bürokraten typische strickte Arbeitsteilung ein Denken in Ressorts fördert;
- Entscheidungen zwar verlässlich, aber falsch sind
- die unter rein sachlichen Kriterien begrüßte Unpersönlichkeit der Aufgabenerfüllung zu vom menschlichen Einzelschicksal unbeeindruckten Entscheidungen führt.

Weber weist zudem auf Stellenvermehrung und Regelungswut als extreme Auswüchse bürokratische Organisationen hin. Dieser Stellenvermehrung kommt im Parkinsonschen Gesetz zum Ausdruck. Das Gesetz besagt, dass ich das Verhältnis von Verwaltungs- zu wertschöpfenden Stellen in Großorganisationen stetig zu Gunsten der wertschöpfenden Stellen verschiebt.

<u>1.5.2 Situativer Ansatz</u>

Grundthese:
Es gibt keine universell effizienten Organisationsstrukturen. Vielmehr sind diese kontingent, also von diversen Einflussfaktoren abhängig.

Basisprämissen des situativen Ansatzes:

- Es gibt jeweils nur eine richtige („kongruente") Struktur, die die Überlebensfähigkeit der Organisation sichert.
- Die situativen Bedingungen sind von der einzelnen Organisation als gegeben und unbeeinflussbar anzusehen.
- Für jede Organisation ist ein bestimmtes Maß bzw. Niveau an Effizienz verbindlich, wenn sie im Wettbewerb bestehen will.

Kritik am situativen Ansatz:

- Vernachlässigung wichtiger Einflussfaktoren und der Zusammenhänge zwischen diesen (z.B. Unternehmensphilosophie)
- Überbetonung formaler Strukturen und Parameter
- Überbetonung zwar messtechnisch signifikanter, aber nicht unbedingt strukturrelevanter Einflussfaktoren
- struktureller Anpassungsprozess als mechanisch ablaufende Kausalsequenz
- Unterstützung einer innovationsfeindlichen („konservativen") Organisationsgestaltung

## 1.5.3 Populationsökologischer Ansatz

Grundthese:
Die Umwelt einer Organisation, nicht deren Gestalter und Lenker, entscheidet über den dauerhaften Fortbestand der Organisation.

Analyseeinheit ist nicht die einzelne Organisation, sondern die Organisationspopulation, welche sich durch die „Abstammung" der Organisation aus einem gemeinsamen „Genpool" definiert. Dieser „Genpool" sorgt dafür, dass die Mitglieder einer Population über vergleichbare Technologien, Strukturen etc. verfügen und ist damit für die Gleichartigkeit bestimmter Organisationsformen verantwortlich.

Auslese vollzieht sich unter Wirkung dreier zentraler ökologischer Prozesse:
Variation, Selektion, Retention

Folge: radikaler Wandel in bzw. von Organisationen ist nahezu unmöglich!

Grund: strukturelle Trägheit durch:

- das Wirken von Interessengruppen in der Organisation, welche angesichts unterschiedlicher Ziele mit politischen Manövern notwendige Anpassungsentscheidungen verhindern
- unvollkommene Information und beschränkte Informationsverarbeitungsfähigkeit der Entscheider
- bereits getätigte Ausgaben für Ausstattung und / oder Strategie (sog. „sunk costs")
- externe Beschränkungen

Kritik am populationsökologischen Ansatz:

- zentrale Begriffe (Trägheit, Population u.a.) sind unpräzise
- Organisationsumwelt kann z.T. selbst gewählt werden
- organisationale Trägheit nimmt in letzter Zeit eher ab
- Ausleseprozess der Umwelt bleibt konzeptionell unklar; Elimination ist nicht der dominante Selektionsmechanismus
- grundlegendes Missverständnis des Ausleseprozesses: negative statt positive Selektion
- Umwelt verfolgt i.d.R. kein völlig zweckfreies Vorgehen
- keine wirklich handlungsrelevanten Aussagen

## 1.5.4 Herrschaftspolitischer Ansatz

Grundthese:
Die Organisation ist ein Instrument der gesellschaftlichen Herrschaftssicherung und wirtschaftlichen Kapitalansammlung.

Drei Grundbedingungen für Herrschaft:
- legitimierende Ideologie
- akkumulationsfähige Basis
- diskriminierende Kategorisierung

## 2. Aufbauorganisation

### 2.1 Grundbausteine von Organisationen

Unter aufbauorganisatorischer Perspektive können mit Mintzberg fünf verschiedene Grundbausteine von Unternehmen differenziert werden, die in unterschiedlicher Weise zu Zielfindung und Erfolg des Unternehmens beitragen.

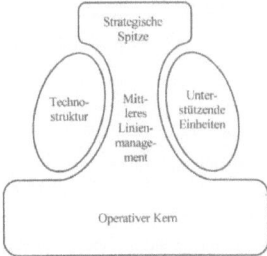

a) strategische Spitze

Die strategische Spitze umfasst die maßgeblichen Entscheidungsträger einer Organisation. Institutionell wird hiermit ein Personenkreis beschrieben, der über weit reichende Entscheidungskompetenzen verfügt. Die Aufgabe der strategischen Spitze ist neben der direkten persönlichen Überwachung der nachgeordneten Instanzen vor allem die Bestimmung der übergeordneten Unternehmenspolitik sowie die grobe Vorgabe der sich hieraus ableitenden Unternehmensstrategien; die strategische Spitze ist insofern Träger des normativen und strategischen Managements. Ihr obliegt ferner die repräsentative Vertretung des Unternehmens nach außen sowie die interessengeleitete Einflussnahme auf die Spitzenvertreter des gesellschaftlichen politischen Unsystems. In diesem Grundbaustein werden insbesondere konzeptionelle und analytische Fähigkeiten benötigt.

b) mittlere Linie

Die mittlere Linie umfasst alle Entscheidungsträger, die in einer direkten Brückenfunktion zwischen der strategischen Spitze und dem operativen Kern stehen. Die mittlere Linie besteht idealtypisch aus Vorarbeitern, Meistern, Abteilungs- und Hauptabteilungsleitern. Ihre Hauptaufgabe ist es, die von der Unternehmensleitung erlassenen Oberziele in operationale Zwischen- und Unterziele zu zerlegen. Das Mittelmanagement muss der Hauptteil des Personals führen, das heißt die Belegschaft steuern und motivieren. Hierfür sind insbesondere methodische und soziale Fähigkeiten erforderlich.

c) operative Kern

Der operative Kern ist für die eigentliche Erstellung der Güte oder Dienstleistungen in einer Organisation verantwortlich. Seine Aufgabe ist die physische Transformation der erhaltenen Ressourcen in die vermarktbare Unternehmensleistung. In Abhängigkeit von der Technologie und Art der Organisation ist der operative Kern unterschiedlich groß und weit reichend; in ihm werden vor allem technisch handwerkliche Fertigkeiten benötigt. Der operative Kern ist in erster Linie Weisungsempfänger. Sogleich sind in ihm die zu verrichtenden Tätigkeiten am stärksten konkretisiert und vorgeschrieben.

d) Technostruktur

Die Technostruktur umfasst vor allen Dingen Stellen zur Integration der arbeitsteiligen Prozesse. Ihr gehören typischerweise Spezialisten für Arbeitsgestaltung, Planung, Kontrolle und Budgetierung an. Die von diesen Spezialisten entwickelten Abläufe reduzieren das zur Gesamtabstimmung der arbeitsteiligen Prozesse erforderliche Ausmaß an persönlicher Weisung dadurch, dass sie ihre koordinative Funktion durch Programme wahrnehmen lassen. Die Experten der Technostruktur standardisieren Prozesse, Fähigkeiten oder Ergebnisse und prägen insgesamt das System der Arbeitskontrolle. Hierdurch gewinnen sie vor allem in Organisationen mit einem hohen Automatisierungsgrad mitunter beträchtlichen Einfluss.

e) Unterstützende Einheiten

Die unterstützenden Einheiten sind besondere Servicestellen. Wegen ihres ausgesprochenen Spezialcharakters können Sie aufbauorganisatorisch relativ leicht von den übrigen Einheiten getrennt werden. Servicestellen sind z. B. die Betriebskantine, das Lohnbüro, die Buchführung. Hier werden entweder Tätigkeiten gebündelt, die mit dem eigentlichen unternehmerischen Wertschöpfungsprozess nichts zu tun haben, wurde Experten versammelt, die die oft eher generalistisch orientierte Unternehmensleitung auf fachlich hohem Niveau beraten.

Mintzberg begnügt sich nicht mit der Auflistung organisatorischer Aufbauelemente. Der weist auch darauf hin, dass sich diese Grundbausteine, jener situativen Hintergrund einer Organisation, in unterschiedlicher Größe und Bedeutung gegenüberstehen können. Diese durch die verschiedenen Ausprägungen der Bausteine begründen unterschiedliche Strukturtypen, die verschiedenen Arbeitszusammenhängen unterschiedlich Effizienz sind.

Im Folgenden sollen die drei interessantesten Strukturen drüben näher betrachtet werden.

Neue Maschinenbürokratie weist in ihrem operativen Kern fast ausschließlich hoch standardisierbare Routineaufgaben auf. Die meisten Unternehmen dieses Strukturtyps agieren in vergleichsweise stabilen Umwelten: sei es, dass sich die Kundenbedürfnisse kaum ändern oder dass der Staat in gesetzliche Rahmen des Wettbewerbs lange Zeit unverändert lässt. Dies trifft sowohl auf viele öffentliche Unternehmen in einstmals stark regulierten oder subventionierten Branchen. Angesichts der größten teils standardisierbaren Routineaufgaben ist der Spezialisierungsgrad im operativen Kern groß und die Koordination durch Programme und Pläne eines der Hauptmerkmale dieser Unternehmen. Dementsprechend besitzt die Technostruktur eine besonders große und die mittlere Linie als Koordinationsinstanzen eine besonders geringe Bedeutung.

Der operative Kern in der Spezialistenbürokratie besteht vorrangig aus hoch qualifizierten Experten. Da diese ihre Aufgaben selber strukturieren, kommt der Technostruktur in diesen Unternehmen häufig wenig Bedeutung zu. Etwas anders sieht es mit den unterstützenden Einheiten aus, da diese ihre Leistungen häufig direkt den sich selbst steuernden Experten zur Verfügung stellen und von diesen folglich oft stark in Anspruch genommen werden. Die Mitglieder des operativen Kerns besitzen im Unternehmen eine vergleichsweise starke

Machtposition, was sich unter anderem darin zeigt, dass sie über das mittlere Management gelegentlich bis in die strategische Spitze vordringen. Universitäten, Forschungsinstitute, Rechtsanwaltskanzleien sind typische Spezialistenbürokratien.

Im Gegensatz zu den beiden vorgenannten Strukturtypen verfügt die Adhocratie kaum über feste Strukturen; vielmehr bilden sich diese nach den sich stetig verändernden Arbeitsanforderungen immer wieder neu. Kernleistung von Adhocratien ist die Innovation. Dabei können sie sich zur Koordination kaum auf die standardisierten Fähigkeiten der Experten stützen: dies würde Standardlösungen, keine echten Innovation erzeugen. Adhocratien operieren i. d. R. mit Teams. Der organisatorische Formulierungsgrad ist gering, die horizontale Spezialisierung groß. Mintzberg unterscheidet zwei Spielarten: die operativen und die administrative Adhocratie.

Bei der operativen Adhocratie werden Innovationen vor allem für Kunden durchgeführt. Dies sind z. B. andere Unternehmen, die in Auftragsfertigung originäre Projektleistungen nachfragen. Da die meisten Aufgaben der operativen Adhocratie eine Parallelität operativer und administrativer Aktivitäten erfordern, werden Letztere meistens in Personalunion von den Spezialisten wahrgenommen, die die Projekte somit nicht nur akquirieren, sondern auch abwickeln. In diesen Fällen sind unterstützende Einheiten oftmals entbehrlich.

Die administrative Adhocratie operiert ebenfalls mit Projektteams. Im Gegensatz zum Vormodell richtet sie sich mit ihren Tätigkeiten allerdings organisationsintern aus: die Innovationen werden für das Unternehmen selbst vollzogen. Informationen fließen prinzipiell allen fachlich versierten Unternehmensmitgliedern zu, ungeachtet ihrer formalen Position.

### 2.2 Grundmuster der Organisationskonfiguration

### 2.2.1 Ein- und Mehrlinienorganisation

Das Grundproblem aller arbeitsteiligen Systeme ist die Differenzierung der Arbeit auf der einen und ihre anschließende Zusammenfassung auf der anderen Seite. In größeren Organisationen wäre eine Person mit der Koordination und Integration aller arbeitsteiligen Untersysteme überfordert. Aus diesem Grund wird die Verantwortung zur Durchführung von Integrationsaufgaben auf verschiedene Instanzen im Unternehmen verteilt.

Weisungsbeziehungen zwischen Stellen untereinander beziehungsweise zwischen Stellen und Instanzen führen zu Über- oder Unterordnungsverhältnissen, die in der Organisation verschiedene Ebenen entstehen lassen. Insofern ist die durch die Hierarchie ausgedrückte Struktur der Weisungs- und Kontrollbefugnisse das klassische Kontrollinstrument der Organisation. Entscheidend ist dabei die Frage, wie vielen untergeordneten Stellen eine Instanz Weisungen erteilen darf beziehungsweise von wie vielen übergeordneten Instanzen sie Weisungen entgegennehmen muss.

Intuitiv geht man zumeist davon aus, dass eine untergeordnete Stelle nur von einer einzigen höheren Stelle Weisungen empfängt, wohingegen sie nach unten mehreren Stellen Weisungen erteilen darf. Dies ist bei Einliniensystemen der Fall.

Fayol begründet auf diese Weise den Grundsatz von der Einheit der Auftragserteilung. Er tut dies vor allem deshalb, weil er andernfalls unklare Zuständigkeiten und möglicherweise widersprüchliche Arbeitsanweisungen verschiedener Vorgesetzter erwartet.

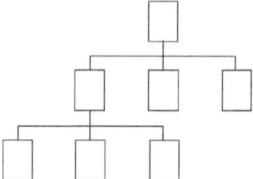

Diesem lange Zeit für gültig befundenen Idealtyp wurde im Laufe der organisationstheoretischen Entwicklung das Prinzip der mehrfach und Erstellung - das Mehrliniensystem - gegenübergestellt. Diese Systeme geht wesentlich auf Taylor zurück und davon aus, dass die Leitungsfunktion für eine organisatorische Stelle oder Einheit differenziert und auf mehrere Instanzen verteilt wird. Die Führungsperson wird also nicht durch die Reduzierung seiner Untergebenenzahl entlastet, sondern durch die bewusste Beschränkung seiner Leitungsfunktionen. Für einen Untergebenen sind somit mehrere Vorgesetzte weisungsberechtigt. Dessen ungeachtet kann die Disziplinargewalt auf eine Füllungsperson beschränkt bleiben.

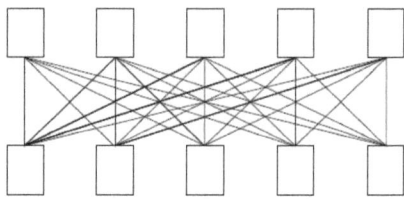

Das Einlinien- und das Mehrliniensystem wurden also aus unterschiedlichen Problemen und zu unterschiedlichen Zwecken entwickelt. Beide betonen alternative Akzente: Während das Einliniensystem nach innerbetrieblicher Klarheit und Übersichtlichkeit strebt, möchte das Mehrliniensystem den Qualifikationsbedarf der Instanzen senken bzw. ihre fachliche Kompetenz durch Spezialisierung erhöhen.

2.2.2 Stab-Linien-Organisation

Das organisationale Liniensystem wird in der Regel durch eine bessere Kategorie von Stellen ergänzt, die weder Instanzen noch Ausführungsstellen sind: nämlich durch Stäbe. Die resultierende Stab-Linien-Organisation ist eine Sonderform des Einliniensystems. Sein Grundgedanke ist die Spezialisierung auf Leitungsebene: beratende beziehungsweise entscheidungsvorbereitende Tätigkeiten werden aus dem Aufgabenspektrum der Instanzen ausgegliedert und zu eigenen Stellen zusammengefasst. Hierdurch soll vor allem das Topmanagement entlastet werden und sich in seinen wichtigsten Entscheidungen von spezialisierten Experten beraten lassen können.

Typische Stabsstellen in heutigen Unternehmen sind Öffentlichkeitsarbeit, strategische Planung, Controlling, Personalcoaching oder EDV-Pools. Den Stabstellen ohne Weisungsbefugnis stehen die Linienstellen gegenüber. Zur Linie zählen Ausführungsstellen und Instanzen. Linienstellen besitzen formale Weisungsbefugnisse und tragen daher unmittelbare unternehmerische Verantwortung. Das Merkmal der fehlenden formalen Weisungsbefugnis bei Stabstellen ist allerdings zu relativieren: es bezieht sich nur auf die außerhalb ihres Aufgabenbereiches operierenden Ausführungsstellen; natürlich besitzt ein Stabsleiter gegenüber seinen Stabsmitarbeitern Weisungsrechte.

Nach Grochla sind zwei alternative Stabsformen zu unterscheiden: auf der einen Seite Stabstellen im engeren Sinne, primär eine entscheidungsvorbereitende Beratungsfunktion für die Instanzen wahrnehmen, und auf der anderen Seite allgemeine Dienstleistungsstellen, die relativ selbstständig Aufgaben für andere Stellen im Unternehmen erledigen können, wie z. B. eine Marktforschungsabteilung.

Spezialisierte Stäbe bringen Expertenmacht in eine Organisation ein und verbessern so die Entscheidungsqualität des Managements. Generalisierte Stäbe entlasten zudem die Instanzen von weitgehenden delegierbaren Routineaufgaben; beides beugt einer Überlastung des Topmanagements vor.

Das Stab-Linien-Prinzip soll die Vorteile der klaren Kompetenz- und Verantwortungsabgrenzung des Einliniensystems mit den Spezialisierungsvorteilen des Mehrliniensystems verbinden.

Es ist jedoch nicht zu übersehen, dass die Zusammenarbeit von Stabs- und Linieneinheiten in der Praxis nicht immer so reibungslos vonstatten geht. Vielmehr haben sich in der Vergangenheit typische Konflikte der Stabstätigkeit offenbart. Als solche sind insbesondere zu nennen:

- Da Stäbe Entscheidungen auf Grund ihrer fehlenden formalen Weisungsbefugnis nicht erzwingen können, versuchen Sie gelegentlich, die Linieneinheiten mit einer gezielten Informationspolitik zu beeinflussen.
- Die fehlende formale Weisungsbefugnis der Stäbe kann zu einer Demotivation der Stabsangehörigen führen.
- Die Entscheidungsträger können ihrerseits durch den Verzicht auf eigene Aktivitäten in eine Informationsabhängigkeit von den Stäben geraten.

In Kenntnis dieser Gefahren werden in vielen Unternehmen praktische Gegenmaßnahmen ergriffen. Zum einen kann versucht werden, die unternehmerische Entscheidungsbasis durch Hinzuziehung weiterer, auch externer Experten zu objektivieren. Des Weiteren kann das Topmanagement versuchen, sich frühzeitig in die entscheidungsvorbereitenden Prozesse einzuschalten.

### 2.2.3 Profit-Center-Organisation

Unter einem Profitcenter versteht man einen abgegrenzten autonomen Teilbereich innerhalb einer Organisation, dessen Aufgaben nach dem Objektprinzip definiert werden und der in erster Linie über seinen Markterfolg bewertet und gesteuert wird.

Profitcenter soll das Denken der Unternehmensmitglieder objekt- und erfolgsorientiert ausrichten. Von dieser Orientierung geht zudem ein zusätzlicher Motivationsschub aus. Dies alles ordnet sich ein in die unter der Leidenmaxime der Dezentralisierung stattfindende Zerlegung groß und schwerfällig gewordener Unternehmen in kleinere, überschaubarere und schlagkräftigere Untereinheiten, die sozusagen Unternehmen im Unternehmen bilden.

Darüber hinaus versprach man sich vom Profitcenterprinzip, den in Großunternehmen oft diffusen Erfolgszusammenhängen durch eine klare Verantwortungszuordnung auf nachgeordneter Ebene wieder mehr Transparenz zu verleihen.

Das Funktionieren des Profitcenterkonzepts ist allerdings an mehrere Bedingungen geknüpft. Diese sind vor allem:

- ein bereichseigener Marktzugang;
- die eigene Beeinflussbarkeit des Bereichserfolgs sowie
- ein betont objektbezogen ausgerichtetes Rechnungswesen und Anreizsystem.

Zur Erfüllung der zweiten Funktionsvoraussetzung verfügen die einzelnen Profitcenter im Ideal über eine komplette Ausstattung sämtliche Funktionen und Services, die auch im Gesamtunternehmen zur erfolgreichen Produktion und Vermarktung seiner Leistungen benötigt würde. Da vielen Profitcentern ein eigener Marktzugang fehlt behilft man sich zur Erfüllung der dritten Funktionsvoraussetzung mit der Fiktion eines internen Marktes.

Ohne die Fiktion eines internen Marktes wäre das Einsatzgebiet des Profitcenterkonzepts relativ begrenzt. Da interne Märkte nicht auf die Steuerungsleistung frei gebildeter Marktpreise zurückgreifen können, müssen interne Verrechnungspreise gebildet werden. Diese Verfahrensweise bietet sich immer dann an, wenn Leistungsverflechtungen zwischen betrieblichen Teileinheiten bestehen.

Deutlich ist indes herauszustellen, dass der Wert des Profitcenterkonzepts weit über rein aufbaustrukturelle Maßnahmen hinausgeht. Mit der Einrichtung dieses Organisationsprinzips soll letztlich der gesamte Entscheidungsprozess im Unternehmen objektbezogen ausgerichtet werden. Im Idealfall werden die Mitglieder eines Profitcenter tatsächlich zu Subunternehmern herangebildet, deren unternehmerisches Denken die Führbarkeit, Kundennähe und Flexibilität des Unternehmens spürbar erhöht.

Auf der anderen Seite haben sich in der Vergangenheit auch negative Begleiterscheinungen bemerkbar gemacht. Sogar in insbesondere die Leiter von Profitcentern dazu, kurzfristige Erfolge erzielen zu wollen und darüber die langfristige Erfolgssicherung des Unternehmens zu vernachlässigen. Die Folge hiervon ist oftmals ein Handeln, dass sich der gesellschaftlichen Verantwortung von Wirtschaftsorganisationen wenig bewusst ist und dem Gesamtimage des Unternehmens daher langfristig schadet.

Diese Nebenwirkungen sind nicht zu unterschätzen und verlangen von der Unternehmensleitung gegensteuernde Maßnahmen. Vor allem die Anreizsysteme müssen so korrigiert werden, dass nicht der kurzfristige Erfolg, sondern langfristige Zielerreichung belohnt wird.

## 2.3 Die Gestaltung des organisatorischen Skeletts

Bevor über den Zustand einzelner Arbeitsplätze oder die Definition von Grundstrukturen entschieden wird, müssen sich die professionellen Organisationsgestalter zunächst Gedanken über den konfigurativen Gesamtaufbau des Unternehmens machen. Hierfür sind in erster Linie die Instrumentalvariablen der Spezialisierung, der Konfiguration und der Koordination so festzulegen und aufeinander abzustimmen, das leistungsfähige und sinnvolle integrierte Strukturgebilde entstehen.

Nach der organisationstheoretischen Vorstellung laufen diese Bemühungen auf drei makrostrukturelle Grundmodelle hinaus.

## 2.3.1 Organisation nach dem Funktionsprinzip

Die nach funktionalen Gesichtspunkten gegliederte Organisation ist eine Einlinienorganisation, die auf der zweiten Gliederungsebene gleichartige Tätigkeiten zusammenfasst. Man spricht daher auch von einer Strukturierung nach dem Verrichtungsprinzip. Dieses Prinzip zielt auf de Grundgedanken der Spezialisierung und der hieraus resultierenden Effizienzvorteile. Da diverse Funktionalbereiche keinen unmittelbaren Marktzugang besitzen, zwischen ihnen aber vielfältige Leistungszusammenhänge bestehen, muss die Unternehmensspitze immer wieder koordinierend eingreifen. Hieraus ergibt sich eine starke Tendenz zu Entscheidungsdezentralisation in Funktionalorganisationen, die durch das angewandte Einlinienprinzip noch verstärkt wird.

Welche Art die für die Organisationsgliederung maßgeblichen Verrichtungen sind, hängt von Stellung des Unternehmens im Wirtschaftsprozess sowie wesentlichen Branchemerkmalen ab. Bei einem typischen Industriebetrieb dürften insbesondere die Beschaffung, die Produktion und der Absatz zentrale und sinnvoll voneinander abgrenzbare Kernverrichtungen darstellen.

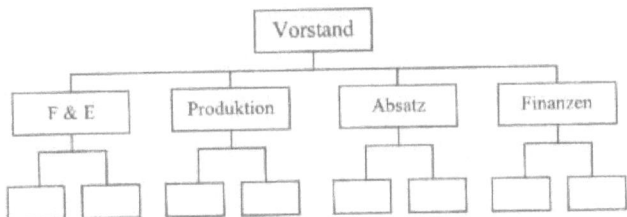

## 2.3.2 Organisation nach dem Divisionalprinzip

Eine divisionale Organisation liegt vor, wenn sich die zweite Gliederungsebene nach Objekten der Organisationstätigkeit bildet, der Aufbaustruktur also das Objektprinzip zugrunde gelegt wird. Man spricht in diesem Fall auch von einer Sparten- oder Geschäftsbereichsorganisation. Je nachdem, welche Objekte zur Strukturierung herangezogen werden, unterscheidet man verschiedene Formen. Sind einzelne Produkte bedeutsam, besteht ein Produktmanagement. Werden hingegen Märkte beziehungsweise Absatzgebiete zum Ausgangspunkt der Strukturierung, dann entsteht ein Gebietsmanagement. Liegen der Aufbaugliederung schließlich Kundengruppen oder fallweise auch besonders wichtige Einzelkunden zu Grunde, dann spricht man von Kundenmanagements.

a) Produktmanagement

Im Mittelpunkt dieses Aufbaukonzepts steht der Produktmanager, der in den meisten Fällen dem mittleren Management zuzurechnen ist. Dem Produktmanager obliegt die Steuerung und Betreuung aller Entwicklungs-, Finanzierungs- und Promotionsaktivitäten, die im Zusammenhang mit einem bestimmten Produkt oder einer bestimmten Marke des Unternehmens stehen. Er hat letzten Endes die Aufgabe, die Querschnittskoordination mit den einzelnen Funktionsbereichen herbeizuführen.

In den meisten Unternehmen ist das Produktmanagement allerdings kein Ersatz für das Funktionalprinzip, sondern stellt vielmehr einige zusätzliche Managementebene dar.

Das Produktmanagement empfiehlt sich dann, wenn das Leistungsprogramm des Unternehmens sehr weit gespannt ist und eine schlichte Funktionalgliederung auf Grund der Vielzahl der Produkte diese nicht angemessen führen und vermarkten könnte.

Der Hauptvorteil des Produktmanagements ist die hierdurch erreichbare Marktnähe. Der Produktmanager ist sachkundig in der Verwendung der neuesten Marketingtools und verwendet viel Zeit auf die Zusammenarbeit mit den Funktionsspezialisten.

Diesem Vorteil stehen jedoch zumeist nicht unbeträchtliche Nachteile und Probleme gegenüber:
- das Produktmanagement erweist sich meist als kostspieliger als erwartet. Den meist überlasteten Produktverantwortlichen gelingt es in aller Regel, zusätzliches Personal zu bekommen.
- Das Produktmanagement ist besonders konfliktträchtig und frustrationsreich. Vor allem aus der Auseinandersetzung mit den einzelnen Funktionsverantwortlichen, aber auch mit konkurrierenden Produktmanagern.
- Auf Grund seiner fachlichen Ausrichtung wird der verantwortliche Manager zwar Experte für ein bestimmtes Produkt, ihm fehlen zugleich aber vertiefte Kenntnisse der Spezialfunktionen.
- Viele Produktmanager arbeiten nicht lange genug an Ihrem Produkt.

Nicht nur auf Grund dieser Schwierigkeiten ist das Produktmanagement den letzten Jahren rückläufig.

In der Praxis wird diesen Tendenzen zumeist durch eine Veränderung der Befugnisse und des Aufgabezuschnitts der Produktmanager begegnet. Eine zweite Reaktionsmöglichkeit ist die gezielte Erweiterung des traditionellen Produktmanagements zu einer neuen Form: dem so genannten Kategoriemanagement, welches in zwei Spielarten vorliegt:

- Produkte, zwischen denen Verbundbeziehungen bestehen, werden zu einer Produktkategorie zusammengefasst. Der Kategoriemanager bekommt somit die Zuständigkeit für sachlich zusammenhängende Produkte oder Produktlinien übereignet. Man spricht in diesem Fall auch von einem Produktgruppenmanagement. Hierdurch sollen Mehrfacharbeiten reduziert und einer Zersplitterung der Aktivitäten auf der Ebene des Einzelprodukts vorgebeugt werden.

- Im zweiten Fall wird ein noch weiterer Fokus gewählt: es wird von einzelnen Produkten beziehungsweise Produktlinien abgegangen und nach grundlegenden Bedürfniskategorien gegliedert. Das Ziel des Kategoriemanagements ist es dann, eine einheitliche Gesamtstrategie für ein größeres Bedürfnissegment zu erarbeiten und durch die Zusammenfassung von einzelnen Produktlinien in einer Hand zugleich die Verhandlungsmacht des Handels zu berechnen. Diese Form verkörpert den fließenden Übergang um Kundenmanagement.

b) Gebietsmanagement

Die Grundidee des Gebietsmanagements ist es, die organisationalen Aktivitäten nach Absatzregionen zu gliedern. Diese Aufbauformen bietet sich insbesondere für Unternehmen an, die ein großes Absatzgebiet zu bearbeiten haben oder sich einem nach Absatzgebieten starke differierenden Käuferverhalten gegenübersehen.

Zur Abgrenzung von in sich möglichst homogenen, nach außen jedoch möglichst heterogenen Verkaufsgebieten werden in Deutschland unter anderem die so genannten Nielsen-Gebiete herangezogen. Dieser von dem Marktforschungsunternehmen Nielsen begründeten Zuschnitte unterteilen das Bundesgebiet in Räume mit vergleichsweise ähnlichen Konsumstrukturen.

Dennoch ist ein reines Gebietsmanagement selten. In den meisten Fällen wird versucht, geografische Gliederungsmerkmale mit produkt- oder kundenbezogenen Situationsmerkmalen zu kombinieren. Auf diese Weise entstehen Gebietsmanager, deren Aufgabe es ist, alle Marketing- oder Vertriebsaufgaben in einem bestimmten Verkaufsgebieten zentral zu steuern.

Dass ein reines Gebietsmanagement in der Praxis kaum anzutreffen ist, hängt mit den Nachteilen dieser Divisionalform zusammen. Zunächst hat sich gezeigt, dass der Informationsfluss zwischen den einzelnen Regionen oft sehr spärlich ist. Zum zweiten besteht die Gefahr, durch einen zu starken Gebietsbezug produktbezogene Weiterentwicklungen außer acht zulassen. Und zum dritten existiert die Tendenz zu den effizienten Doppelarbeit: für ein und dasselbe Produkte werden in den unterschiedlichen Teilmärkten identische Maßnahmen ergriffen.

Die gebietsorientierte Aufbaustruktur ist daher vor allem Unternehmen zu empfehlen, die nur über ein begrenztes Leistungsprogramm verfügen. Der Unternehmensleitung fällt es dann leichter, wesentliche Wertschöpfungsprozesse zu zentralisieren.

c) Kundenmanagement

Mit Hilfe des Kundenmanagements ist es möglich, die Erzeugung und Vermarktung der Unternehmensleistungen gezielt auf die Wünsche spezieller Kunden zuzuschreiben.

Dementsprechend bündelt das Kundenmanagement die Aktivitäten eines Unternehmens nach dem Arbeitnehmerprinzip. Allerdings sind auch hier diverse Varianten möglich. Konzentriert man sich auf Abnehmerbranchen, dann wird von Marktmanagement gesprochen. Orientiert man sich dagegen an Abnehmergruppen innerhalb einer bestimmten Branche, dann ist von Kundengruppenmanagement die Rede.

Im Extrem können sogar einzelne Kunden zum Ausgangspunkt des Organisationsaufbaus werden. In diesem Fall liegt ein Key-Account-Managent vor. Key-Accounts sind Schlüsselkunden, die für einen Anbieter entweder auf Grund ihres absoluten Kaufvolumens besonders bedeutsam sind.

Der Kundenmanager übernimmt sowohl strategische Aufgaben als auch operative Funktionen. Darüber hinaus leistet er wichtige Koordinationsdienste und sorgt damit für eine signifikante Entlastung der Unternehmensspitze.

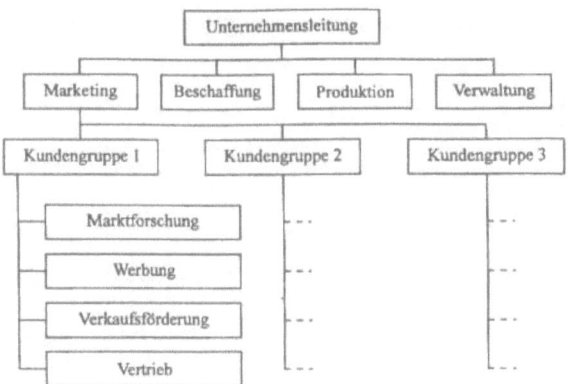

Zusammenfassende Würdigung des Divisionalprinzips:

Vorteile:
- Orientierung an erfolgnahen Größen
- klare Verantwortlichkeiten
- schnelle Reaktion und Flexibilität
- höhere Motivation und unternehmerisches Denken

Nachteile:
- Verlust der Gesamtorientierung; Konkurrenzkämpfe
- unwirtschaftliche Doppelarbeit
- erschwerte Nutzung von Synergieeffekten
- erhöhter Fügungsbedarf

| *Vergleichskriterium* | *Funktionalprinzip* | *Divisionalprinzip* |
|---|---|---|
| Flexibilität | sinkend | Steigend |
| Marktnähe | sinkend | Steigend |
| Entlastung des Vorstands | sinkend | Steigend |
| Motivation | sinkend | Steigend |

## 2.3.3 Organisation nach dem Matrixprinzip

Wie bereits erwähnt, sind rein funktionale oder divisionale Organisationen selten. Innerhalb einer Spartenorganisation werden zum Beispiel immer häufiger Markt- und Kundenmanagement miteinander verschmolzen. Auf diese Weise entstehen so genannte hybride Organisationsstrukturen, deren zentrales Gestaltungsprinzip die Einführung einer mehrdimensionalen Aufbaustruktur ist. Ein Musterbeispiel führt eine derartige Strukturreform ist die Matrixorganisation. Ihre Grundidee basiert auf der gleichzeitigen Verwendung von 2 Strukturendimensionen und der hierdurch bedingten Kreuzung mehrerer Autoritätslinien.

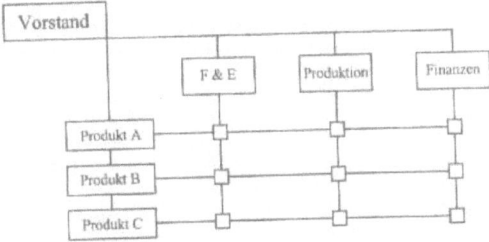

Vorteile:
- Entlastung der Geschäftsleitung
- praxisnahe Problemlösung
- Persönlichkeitsförderung
- geeignet zur Bewältigung von Spezialprojekten

Nachteile:
- hohe Belastung für Führungskräfte und Matrixstellen
- Zeit raubende Abstimmungs- und Konfliktlösungsprozesse
- entweder unklare Kompetenz oder Hang zur Bürokratisierung
- kostspielig in Implementierung und Betrieb

## 2.4 Die Gestaltung der organisationalen Position

### 2.4.1 Aufgabenspezialisierung

Mit Blick auf die intraorganisationale Arbeitszerlegung kann zwischen einer horizontalen und einer vertikalen Spezialisierung unterschieden werden.

Von horizontaler Aufgabespezialisierung spricht man, wenn sich die betrieblichen Arbeitsplätze auf einer hierarchischeren Ebene dahingehend unterscheiden, wie viele funktionale Einzelverrichtungen in ihnen zusammengefasst sind.

Vertikale Aufgabenspezialisierung ist hingegen weniger ein Breiten- als ein Tiefenaspekt: vertikal geringer digitalisierte Positionen gestatten dem Einzelnen oft die partielle Übernahme von Managementfunktionen, übertragene ihm in seinem Arbeitsbereich zum Beispiel Planungs- und Kontrollrechte, mit denen er seinen Leistungsprozess selbst steuern kann.

Als Ergebnis der formalen Regelung zur Arbeitsteilung entstehen Stellen beziehungsweise Abteilungen. Damit verkörpert eine Stelle die kleinste organisatorische Einheit. Sie bezeichnet ein mit spezifischen Aufgaben, Ressourcen, Rechten und Pflichten ausgestatteten

Arbeitsplatz. Stellen gehören zur betrieblichen Mikroorganisation und werden in aller Regel personenunabhängig definiert. Die Stellenbildung erfolgt durch schlüssige Zusammenfassung verschiedener Teilaufgaben. Stellenaufgaben müssen auf Dauer angelegten, von anderen Stellen abgrenzbar, aber zugleich auch mit diesen koordinierbar sein.

Grundlage und Ausgangspunkt der Stellenbildung ist die Aufgabeanalyse, wird am Ende wieder die Aufgabesynthese folgt.

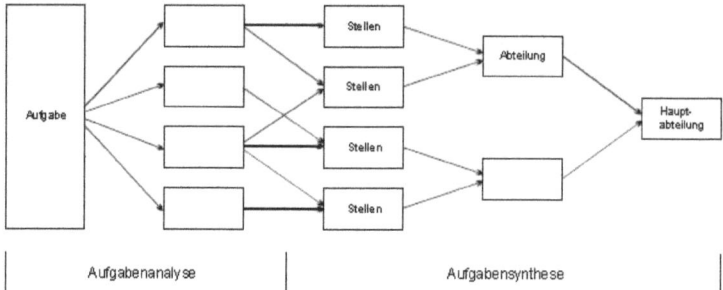

Im Rahmen der Stellenbildung (Aufgabenanalyse) ist festzulegen:
- der Umfang der zur Stellenbildung erforderlichen Qualifikation
- die zeitliche Dauer der Erledigung der Stellenaufgabe (8,5 h/d)
- die Lage der Arbeitszeit (Teilzeitmodelle, Mehrschichtbetriebe)
- die Zahl der Stellen auf einer Arbeitsebene

Das Kongruenzprinzip fordert dazu auf, die Ressourcenausstattung einer Stelle an ihrer Aufgabe zu orientieren.

Während die Spezialisierung nach inhaltlichen Kriterien auf verschiedene makrostrukturelle Aufbauformen zurückführt, interessieren auf der hier betrachteten mikrostrukturellen Ebene vor allem Intensität und Umfang der Arbeitsteilung. Dabei zeigt sich, dass das Ausmaß der arbeitsbezogenen Differenzierung in den verschiedenen Grundbausteinen der Organisation unterschiedlich ausgestaltet ist.

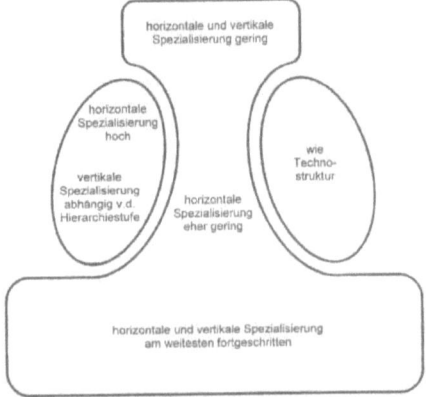

Durch Spezialisierung und Arbeitsteilung sollen produktivitätssteigernde Effekte erzielt werden. Produktivitätssteigerungen durch stark spezialisierte Verrichtungen ergeben sich unter anderem durch hierdurch ermöglichte kurze Einarbeitungszeiten, eine in der Regel geringere Qualifikation zur Aufgabenerfüllung, Geschicklichkeitszunahme und werden Effekte, sowie die durch die Arbeitsteilung erleichterte Zuordnung von Verantwortlichkeit.

Mit der Spezialisierung von Aufgaben und Verrichtungen sind insbesondere dann negative Effekte verbunden, wenn die Teilung der Arbeit zu weit vorangetrieben wird; am Ende stehen dann per Saldo Produktivitätseinbußen. Diese entstehen vor allem durch Eintönigkeit und chronische Unterforderung der Organisationsmitglieder.

Der Widerstand gegen hochrepetitive und sozial beschnittene Arbeitsplätze führte schließlich zu neuen Formen der Arbeitsorganisation.

Im Einzelnen handelt es sich um folgende Alternativen zur traditionellen Arbeitsgestaltung:
- Job Rotation: systematischer Wechsel von Arbeitsplätzen
- Job Enlargement: Ausübung eines größeren Spektrums an zumeist handwerklichen Tätigkeiten
- Job Enrichment: Ergänzung des Handlungsspektrums durch Übernahme planender Tätigkeiten

## 2.4.2 Entscheidungsdelegation

Betrachtet man durch das Innenverhältnis, werden Weisungsbefugnisse relevant. Auch diese lassen sich unter Entscheidungsbefugnis zu subsumieren, den Entscheidungen sind Weisungen vorgeschaltet; jede Weisungsbefugnis leitet sich somit aus Entscheidungsbefugnis ab. Hat sich eine leidende Instanz nämlich führ eine bestimmte Handlungsoption entschieden, kann sich diese entweder selbst ausführen oder eine untergeordnete Stellen per Weisung mit der Ausführung beauftragen.

Die Delegation betrifft unter anderem:
- die von der Stelle zu erfüllenden Aufgaben;
- die von der Stelle zu verfolgen der Ziele;
- die hierfür von der Stelle einsetzbaren Mittel und Befugnisse sowie
- die im Einzelfall zu übernehmende Verantwortung.

Charakteristisch für die Delegation ist die Verteilung von formaler Macht innerhalb der organisationalen Linienbeziehungen. In Unternehmen wird Entscheidungsmacht aber auch anderweitig abgetreten, zum Beispiel an Stäbe, Ausschüsse oder Mitglieder der Techostruktur. Da die Ausübung von Einfluss in diesem Fall auf einer anderen Grundlage beruht, sollte man besser von einem Transfer von Entscheidungsmacht sprechen. Verlassen Entscheidungsbefugnisse die organisationale Linie, liegt also keine Delegation vor.

Ebenfalls abzugrenzen ist Delegation vom Begriff der Partizipation. Partizipation bedeutet, dass bei Entscheidungen, die in den Zuständigkeitsbereich einer bestimmten Stelle oder Abteilung fallen, zwingend noch weitere Stellen zu beteiligen sind.

In der Bundesrepublik Deutschland ist ein gewisses Maß an immaterieller Partizipation gesetzlich vorgeschrieben. Hier zu existieren diverse Mitbestimmungsgesetze, die entweder auf der Betriebs- oder auf der Unternehmensebene wirken.

Die Gründe für die freiwillige Abgabe von Entscheidungsbefugnis sind auf wenige Grundmotive reduziert bar. Die Wichtigsten sind:

- begrenzte kognitive Fähigkeiten der Instanzen: kein Mensch kann alles wissen.

- Schnellere Unternehmensreaktion: würde in einem Unternehmen eine vollkommene Entscheidungszentralisation praktiziert, müssten de facto auch noch so geringfügige unvorhergesehene Probleme den kompletten organisatorischen Instanzenzug nach den durchlaufen, um vom Topmanagement gelöst und schließlich wieder zurück an den Ort der Entstehung gegeben zu werden.

- Motivation und Aufgabenidentifikation: Stark zentralisierte Entscheidungsstrukturen sind normalerweise nicht nur schwerfällig und unflexibel, sondern hemmen zu dem auch die Initiative und Kreativität der von jeglicher Entscheidungsverantwortung Befreiten.

- Förderung des unternehmerischen Denkens: es ist sowohl im Staatlichen als auch im unternehmerischen Interesse, wenn der einzelne abhängige Beschäftigte durch Entscheidungsdelegation teilweise mitverantwortlich für die erzielten Unternehmensergebnisse wird.

Unter Empowerment versteht man die systematische Befreiung der Unternehmensmitglieder vor der organisationaler Fremdbestimmung und die bewusste Stärkung ihrer individuellen Entscheidungsmacht. Damit geht Empowerment weit über partizipative Führungungsmodelle hinaus.

## 2.5 Die Gestaltung der organisationalen Integration

### 2.5.1 Intraorganisationale Koordinationsformen

a) Persönliche Weisung

Das Prinzip der persönlichen Weisung basiert darauf, das untergeordnete Stellen ein akutes Abstimmungsproblem nach oben bis zu der Instanz weiterreichen, die das Problem gesamthaft überblickt. Man spricht diesbezüglich auch von einem System aufsteigender Regelungskompetenz. Das heißt, das übergeordnete Entscheidungszentrum trifft schließlich eine fallgerechte Lösungsentscheidung.

Die dahinter stehende Logik ist diejenige der Kombination einer generellen Zuständigkeitsregelung mit einer fallweisen Inhaltsregelung. Über das Unternehmen wird gleichsam ein generelles Netz von Zuständigkeiten und Weisungsbefugnissen geworfen, welches bewusst unabhängig vom konkreten Einzelproblem ist. Der Inhalt der Entscheidung ist jedoch fallweise zu spezifizieren. Eine wichtige Funktionsbedingung für diesen Koordinationstyp ist die Transitivität der Hierarchie: das hierarchische Gerüst muss eindeutig in dem Sinne sein, dass wenn gilt, dass Stelle A der Stelle B vorgesetzt ist, und B seinerseits C, schließlich auch A C übergeordnet ist.

Das Problem der persönlichen Weisung besteht vor allen Dingen:

- in der hohen quantitativen Belastung der Instanzen;
- im hohen Zeitbedarf der Abstimmung;
- in der Gefahr der Informationsverfälschung bei Einschaltung vieler Hierarchieebenen
- in der zeitlich beschränkten Gültigkeit der fallbezogenen Weisung.

b) Selbstabstimmung

Bei der Selbstabstimmung stellen die von den Abstimmungsproblemen betroffenen Stellen die notwendigen Verknüpfungen auf zumeist horizontalen Weg in Eigenregie her. Wie die im Falle der persönlichen Weisung handelt es sich auch hier um eine Nachkoordination, das heißt ein Harmonisierungsproblem muss erst konkret auftauchen, bevor Schritte zu dessen Lösung eingeleitet werden.

Selbstabstimmende Aktivitäten bestehen in zwei Formen: zum einen in einer eigeninitiierten Selbstorganisation, zum anderen in einer fremdinstitutionalisierten Koordination. Im ersten Fall ist es Aufgabe der Unternehmensführung, den organisationalen Rahmen abzustecken, in dem persönliche selbst Abstimmung möglich ist. Hierzu sind Entscheidungsbefugnisse zu dezentralisieren und übertriebene Formalismen abzubauen. Im zweiten Fall wird die Selbstabstimmung durch entsprechende Aufbaustrukturen gefördert.

c) Regeln und Programme

Programme sind verbindlich festgelegte Verhaltens- und Verfahrensvorschriften, die als schlüssiges System genereller Regeln zu einer Standardisierung des Arbeitsablaufes führen. Man kann insofern auch von einer sinnvoll aufeinander bezogenen Folge von Instruktionen sprechen. Im Gegensatz zu den beiden erstgenannten Koordinationsformen werden durch Regeln und Programme wiederkehrende Aktionserfordernisse präsituativ koordiniert.

Man unterscheidet Routineprogramme und Zweckprogramme. Für Routinenprogramme ist die Frage des Handlungszeitpunktes unwichtig. Bei Zweckprogrammen ist die Frage des Handlungszeitpunktes dagegen sehr wichtig, denn sie beinhalten zumeist nur temporär gültige Vorschriften, die direkt auf die Erreichung einer meist eng umrissenen Absicht gerichtet sind. Insofern sind Zweckprogramme auch keine reinrassigen Programme, sondern in den meisten Fällen den Plänen gleichzusetzen.

d) Pläne

Als Zweckprogramme leisten auch Pläne eine Vorauskoordination. Dabei werden Entscheidungen oder Maßnahmen durch temporär gültige Ressourcen- oder Ergebnisfestlegungen kanalisiert, d. h. Pläne standardisieren Handlungswege oder Handlungsergebnisse. Der Prozess der Standardisierung von Ergebnissen obliegt insbesondere der organisationalen Technostruktur.

Pläne sollen den organisationalen Leistungsprozess strukturieren und zukünftiges Handeln vorwegnehmen.

Generell gilt, dass der Koordinationsbedarf eines arbeitsteiligen Systems durch das Ausmaß der Arbeitsteilung und durch die Gesamtheit aller den Koordinationsbedarf reduzierenden Maßnahmen bestimmt wird. Ein Unternehmen kann vor diesem Hintergrund auch versuchen, seinen Bedarf an Abstimmungsmaßnahmen und Koordinationsanstrengungen zu reduzieren.

Insgesamt bestehen für die meisten Unternehmen folgende Möglichkeiten zur Reduktion von Koordinationsbedarf:

- Entkopplung bzw. Verselbstständigung einzelner Einheiten
- Beibehaltung von Überschussressourcen
- Einrichtung von Lagern und Sicherheitsbeständen

- Praktizierung eines weniger aktiven Führungsstils
- Vororganisationale Standardisierung von Rollen, Fähigkeiten und Erwartungen
- Reduktion der unternehmerischen Ergebnisansprüche

## 2.5.2 Sekundärorganisation

Nach der bisherigen Organisationslogik werden Stellen und Abteilungen zur routinehaften Erledigung von wiederkehrenden Daueraufgaben geschaffen. Demgemäß bestehen diese Stellen im Ideal auf unbegrenzte Dauer; man spricht von Primärorganisation. Daneben gibt es aber in jedem Unternehmen auch Stellen und Abteilungen, die entweder nur zeitweilige relevante oder aber übergreifende Aufgaben wahrnehmen. Auf diese Weise entsteht eine Sekundärorganisation, die sich ergänzend auf die primäre Aufbau- und Ablaufstruktur des Unternehmens legt. Man bevorzugt aus diesem Grund den Ausdruck „Ergänzungsstrukturen", denen sie als Hauptaufgabe vor allem die abteilungsübergreifende Koordination zuweisen.

Die Sekundärorganisation ist demnach eine absichtsvoll gebildete Organisation für Schnittstellen- und Spezialaufgaben. Die praktischen Formen der Sekundärorganisation lassen sich danach unterscheiden, ob sie tatsächlich nur temporär, das heißt den für eine bestimmte, zeitlich befristete Aufgabe oder aber ständig für komplexe oder übergreifende Aufgaben eingerichtet werden. In beiden Fällen wird eine Koordination durch Selbstabstimmung angestrebt.

Temporäre Formen der Sekundärorganisation sind unter anderem:
- Projektausschüsse
- Innovationsworkshops
- Konferenzen ohne regelmäßige Sitzungstermine

Ständige Formen der Sekundärorganisation sind unter anderem:
- Produktkomitees
- Qualitätszirkel

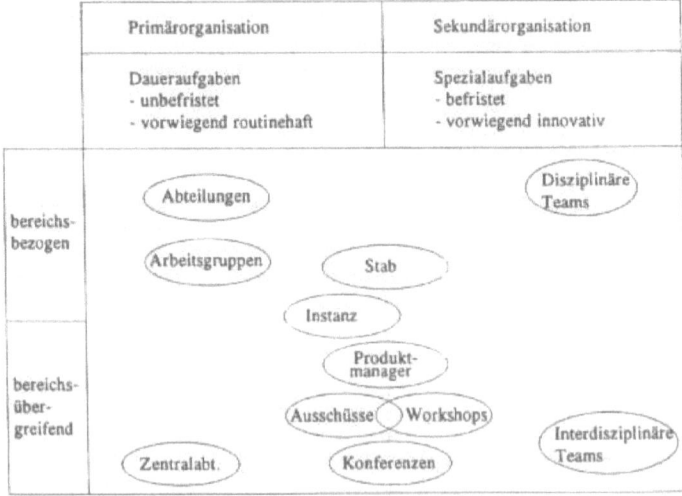

2.6 Innovationsfördernde Organisationsgestaltung

Wie sehen innovationsfördernde Organisationsstrukturen aus?

- Spezialisierung ↓
- Delegation / Dezentralisierung ↑
  → „Wenn die Leute etwas entscheiden können machen sie sich auch Gedanken."
- Zahl der Hierarchien ↓
- Formalisierung ↓
- Einflussstärke zentraler Stäbe ↓
- Koordination nicht über Hierarchie und Programme (sondern über Selbstabstimmung)

Kennzeichen innovationshemmender Organisationskulturen (Kanter 1983)

- starke Orientierung an Abteilungs- und Bereichszielen
- Unterdrückung abteilungsübergreifender Kommunikation
- Dominanz („Kontrollwut") der Hierarchie
- Information wird als knappes Gut behandelt

dagegen innovationsfördernde Organisationskulturen

- hoher Stellenwert der Innovation im gelebten Wertesystem
- Toleranz gegenüber Fehlschlägen
- Sicherheit, Rotation, Mehrfachmitgliedschaften
- Unterstützung von Innovations-Champions

3. Ablauforganisation

3.1 Aufgabe und Bedeutung der Ablauforganisation

Die deutsche Organisationslehre kennt eine weltweit beinahe einmalige Besonderheit: die analytische Trennung von Aufbau- und Ablauforganisation. Während erstere „Organisation" als ein Bestandsphänomen ansieht und Aufgaben, Organisationseinheiten und zwischen diesen bestehende Informations- und Weisungsbeziehungen in den Mittelpunkt stellt, betrachtet letztere „Organisation" als ein dynamisches Phänomen. In diesem Sinne fokussiert die Ablauforganisation den zeitabhängigen Verlauf beziehungsweise Prozess des betrieblichen Geschehens. Ein Prozess ist eine schlüssig aufeinander aufbauende Vorgangsfolge.

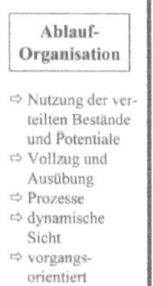

| Aufbau-Organisation | Ablauf-Organisation |
|---|---|
| ⇨ Verteilung von Beständen und Potentialen | ⇨ Nutzung der verteilten Bestände und Potentiale |
| ⇨ Aufgaben und Kompetenzen | ⇨ Vollzug und Ausübung |
| ⇨ Strukturen | ⇨ Prozesse |
| ⇨ statische Sicht | ⇨ dynamische Sicht |
| ⇨ hierarchie-orientiert | ⇨ vorgangs-orientiert |

Die Ablauforganisation ist demnach vor allem tätigkeitsorientiert. Während Aufbauorganisation etwas mit der Bildung von organisatorischen Potenzialen zu tun hat, steht im Rahmen der Ablauforganisation der Prozess ihrer Nutzung im Vordergrund. Hauptinhalt der Ablauforganisation ist insofern die systematische Regelung von Aktivitäten und Folgebeziehungen.

Ausgangspunkt ist die Aufbaustruktur, in die die Prozesse „hineinorganisiert" werden. Die Prozessregelung ist der Strukturregelung gedanklich nachgelagert.

### 3.2 Ablaufanalyse

Begreift man Organisation „als integrative Struktur von Arbeitsprozessen i. S. des Prozessgliederungsprinzips, dann können einzelne Wertschöpfungs- oder Vorgangsketten, die Auftrags- und Einkaufslogistik, Entwicklungsprojekte oder Distributionsvorgänge, als solche identifiziert und als ablauforganisatorische Entscheidungstatbestände strukturiert werden". Ausgangspunkt der Ablauf- oder Prozessgestaltung ist insofern eine detaillierte Ablaufanalyse. Ihr obliegt es, die sachliche, zeitliche und räumliche Verknüpfung der unternehmerischen Leistungsprozesse, von der Leistungsentwicklung über die Leistungserstellung bis zur Leistungsverwendung, bloßzulegen. Dabei geht es vor allem um Fragen wie:

- in welcher Reihenfolge müssen die verschiedenen Prozessbeteiligten tätig werden?
- Ist eine alternative Ablaufreihenfolge möglich?
- Wo liegen sachliche, räumliche oder zeitliche Schnittstellen?
- Welche Einzelaktivitäten werden besonders häufig in Anspruch genommen?
- Welche Prozessschritte determinieren die Länge des Prozesses?
- Welche Aktivitäten sind besonders wichtig für Prozessendergebnis?

### 3.2.1 Sachliche Ablaufanalyse

Wertschöpfungsprozesse bestehen aus einer sequenziellen Abfolge einzelner Beiträge; dabei setzt sich jeder Erfüllungsprozess aus höchstens Sechs Grundformen von Folgebeziehungen zusammen. Diese Grundformen resultieren aus zwei logischen Beziehungsarten: den UND- sowie ODER-Beziehungen.

Eine sachlogische Prozessanalyse gibt folglich sowohl über die besonderen Charakteristika einer betrieblichen Vorgangesfolge Auskunft als auch über den Leistungsumfang, den einzelne Stellen oder Abteilungen in einem Gesamtprozess zu erbringen haben. Dies entscheidet unter anderem ganz wesentlich über die Flexibilität und Störungsanfälligkeit eines Prozesses.

### 3.2.2 Zeitliche Ablaufanalyse

Zur zeitlichen Ablaufanalyse werden unter anderem so genannte Gantt-Diagramme eingesetzt. Die nach ihrem geistigen Vater benannten Diagramme sind relativ simple Balkendarstellungen, die aus einem zweidimensionalen Koordinatensystem bestehen. Üblicherweise wird horizontal die Zeit- und vertikal die Aufgabendimension abgetragen. Trotz ihrer Schlichtheit lässt sich mit dieser Methode gut die Chronologie aufeinander folgende Arbeitsschritte darstellen.

Darüber hinaus kann man mit Gantt-Diagrammen die zu veranschlagende Mindestdauer eines Prozesses abschätzen beziehungsweise ergründen, welche Prozessschritte Ansatzpunkte für eine Beschleunigung bieten.

Gantt-Diagramme sind dann anwendbar, wenn die wichtigsten Arbeitsschritte im Voraus bekannt und in ihrer jeweiligen Dauer ungefähr abgrenzbar sind. Die Diagramme stoßen dann an ihre Grenzen, wenn komplizierte Wechselbeziehungen zwischen den einzelner Aktivitäten bestehen oder innere und äußere Störeinflüsse die Zeitdauer einzelner Schritte unvorhersehbar verlängern können.

| Aufgaben/ Vorgänge | 1 | 2 | 3 | 4 | 5 | 6 | 7 | 8 | 9 | 10 | 11 | 12 | 13 | 14 | 15 | 16 |
|---|---|---|---|---|---|---|---|---|---|---|---|---|---|---|---|---|
| Definition der gesuchten Position | ▨ | | | | | | | | | | | | | | | |
| Gespräche mit Spielerberatern | | | ▨ | | | | | | | | | | | | | |
| Spielerbeobachtungen | | | | | ▨ | | | | | | | | | | | |
| Auswahl des neuen Spielers | | | | | | | ▨ | | | | | | | | | |
| Gespräche mit abgebendem Verein | | | | | | | | ▨ | | | | | | | | |
| Gespräche mit dem Spieler | | | | | | | | | | ▨ | | | | | | |
| Vertragsabschluß | | | | | | | | | | | | ▨ | | | | |
| Setzen auf Transferliste | | | | | | | | | | | | | | ▨ | | |
| Präsentation des Neueinkaufs | | | | | | | | | | | | | | | | ▨ |

### 3.2.3 Räumliche Ablaufanalyse

Prozessanalysen werden häufig auch anhand von Arbeitsablauf-Diagrammen vorgenommen. Arbeitsablauf-Diagramme strukturieren räumliche Vorgänge, also z. B. Wege eines Kunden durch eine Behörde oder Routen, die Arbeitnehmer durchlaufen, wenn sie mit verschiedenen Kollegen in unterschiedlichen Standorten zusammenarbeiten. Entscheidungsträger der räumlichen Prozessgestaltung betreffen das organisatorische Design von Arbeitsplätzen, Räumen, Standorten und Transportwegen.

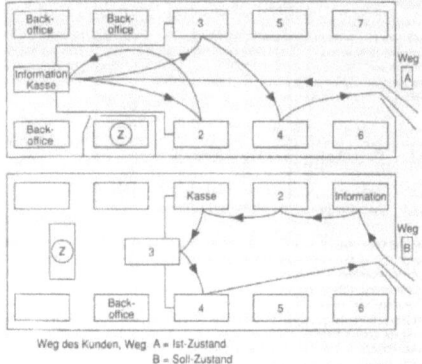

Weg des Kunden, Weg A = Ist-Zustand
B = Soll-Zustand

## 3.3 Organisation nach Geschäftsprozessen

Bei der Organisation nach Geschäftsprozessen wird die klassische Kosiolsche Gestaltungsrichtung gewissermaßen umgekehrt: während diese die Zerlegung der Gesamtaufgabe zu einzelnen Teilaufgaben und deren anschließende Reintegration in fixen Funktionsbereichen vorsah, gilt nun, dass zunächst die crossfunktionalen Schnittstellen und Übergänge im Wertschöpfungsprozess eingerichtet werden. Damit kommt auch hier das Objektprinzip zutragen: Bezugspunkt des Organisationsaufbaus ist nun allerdings nicht ein bestimmtes Produkt oder ein besonders wichtiger Kunde, sondern ein spezifischer Prozess. Erst im Anschluss an seine Gestaltung werden die vergleichsweise statischen Einheiten der Aufbauorganisation installiert. Folge dieser Gestaltungslogik auch die unternehmerischen Strategien und Führungssysteme, dann hat sich die ablaufregelnde Prozessorganisation zu einem umfassenden Prozessmanagement weiterentwickelt.

Für diese Führungs- und Gestaltungskonzeption ist es natürlich wichtig zu wissen, welche Prozesse unmittelbar wertschöpfend sind beziehungsweise welche Prozesse letztlich den Wettbewerbsvorteil eines Unternehmens ausmachen.

Die Portersche Wertkettenanalyse ist auf die Identifizierung von Wettbewerbsvorteilen gerichtet.

Mit welche Unternehmens- oder Geschäftsprozessen am ehesten Wettbewerbsvorteile erzielen werden können, hängt vorrangig von der Branche beziehungsweise der innerhalb einer Branche verfolgten Wettbewerbsstrategie des Unternehmens ab.

In diesem Sinne kritische Geschäftsprozesse können bei allen Unterschieden im Einzelfall relativ leicht anhand einiger weniger Kriterien identifiziert werden. Kritische Geschäftsprozesse sind:

- teuer und langwierig
- technologisch sensibel
- mit vielen anderen Prozessen oder Organisationseinheiten verknüpft
- wichtig für den vom Kunden wahrgenommenen Angebotsnutzen sowie
- von den Wettbewerbern schwer zu imitieren

An dieser Stelle der Ausführungen ist natürlich die Frage interessant, wie viele Unternehmen eine vorgangsbezogene Aufbauorganisation besitzen, das heißt den Postulaten des Prozessmanagement dahingehend entsprechen, dass sie ihre Stellen und Abteilungen tatsächlich unter Berücksichtigung ihrer kritischen Prozesse gestalten.

Es empfiehlt sich die bestehenden institutionellen Verankerungsoptionen des Prozessmanagement noch einmal etwas systematischer zu beleuchten. Die denkbaren Optionen Stellen letztlich auch verschiedenen Intensitätsgrade des Prozessprinzips dar. Es lassen sich vereinfachend drei Verankerungsmodelle der Geschäftsprozess-Organisation unterscheiden.

a) funktional orientierte Primärstruktur

Im Rahmen dieses Organisationsmodells wird die traditionell funktional orientierte Primärstruktur beibehalten; ein echtes Prozessmanagement nicht von daher eigentlich nicht vor.

b) duale Struktur

Die Einführung einer dualen Struktur verkörpert den Versuch einer gleichgewichtigen Synthese zwischen Funktions- und Prozessorientierung. Ähnlich dem Produkt- oder Kundemanager existiert hier ein eigenständiger Prozessmanager. Der Prozessmanager ist crossfunktional tätig und mit mehr oder weniger deutlicher Weisungsbefugnis gegenüber den einzelnen Funktionsbereichen ausgestattet.

c) Prozessorientierte Primärstruktur

In diesem Endstadium des Prozessmanagement wird das Unternehmen tatsächlich als Bündel gegenseitiger Leistungsverflechtungen begriffen, was sich unter anderem darin zeigt, dass die untereinander vernetzen Prozesse den Maßstab der Aufbaugliederung bilden. Das höchste Realisationsniveau des Prozessmanagement ist erreicht, wenn die Unternehmensleitung ihre als Tochterunternehmen ausdifferenzierten Prozesse nur noch als Holding führt und die Prozessmanager quasi autonome Geschäftsbereichsleiter sind.

4. Unternehmenskultur

4.1 Begriff und Konzept der Unternehmenskultur

Auslöser für die Beschäftigung mit unternehmenskulturellen Fragen war der damals überdeutliche, rätselhafte Exporterfolg japanischer Unternehmen.

Es stellte sich heraus, dass neben der Arbeits- und Lebenseinstellung der japanischen Arbeitnehmer und der enormen Steuerungskraft des Ministeriums für Handel und Industrie vor allem die typische Kultur japanischer Unternehmen einen wichtigen Erfolgsfaktor ausmacht.

Auch wenn viele der einstmals gepriesenen Unternehmen heute einiges von ihrem Glanz verloren haben: Unternehmenskultur ist bis heute ein wichtiges Thema der strategischen Managementforschung.

Vor allem drei Perspektiven erweisen sich als besonders bedeutsam:

a) Unternehmen leben in einer Kultur

Jede Wirtschaftsorganisation ist in ein bestimmtes Wirtschaftssystem sowie eine bestimmte politische und gesellschaftliche Ordnung eingebettet.

Entsprechende Untersuchungen sind verstärkt in den siebziger Jahren durchgeführt worden und haben sich dabei häufig auf Zwei-Länder-Vergleiche zugespitzt. Kultur erscheint insofern als externe Variable: Unternehmen agieren in einer Kultur.

b) Unternehmen sind eine Kultur

Organisationen werden aus diesem Blickwinkel vor allem als Systeme gemeinsamer Interpretationen betrachtet. Organisationen produzieren demnach in einer für sie typischen Weise Sinn; sie sind Deutungsgemeinschaften. Ihre ganz eigenen Interaktionsmuster verkörpern letztendlich spezielle Lebenswelten. Diese Sichtweise begründet einen interpretativen Kulturbegriff. Das Unternehmen stellt als eigenes Muster Interaktion und Sinnproduktion demnach eine eigene Miniaturgesellschaft dar.

c) Unternehmen besitzen eine Kultur

Statt einer Makrobetrachtung liegt jetzt eine Mikrobetrachtung vor; Kultur wird damit zu einer internen Variable.

Bewusst gestaltete Unternehmenskulturen können hiernach zu einem Instrument der Unternehmensführung werden. Man spricht daher von einem funktionalistischen oder instrumentalen Kulturbegriff. Sie können strukturelle Regelungen zum Teil ersetzen und deren Defizite kompensieren.

Unternehmenskulturen werden als sozial erlernte kollektive Denk-, Fühl- und Handlungsmuster gesehen, die vor allem über Symbole vermittelt werden.

Die wichtigsten Wesensmerkmale von Unternehmenskulturen sind vor allem:
- Implizität: Unternehmenskulturen sind nicht schriftlich kodifiziert beziehungsweise werden nicht offiziell verlautbart.
- Symbolische Vermittlung: Unternehmenskulturen vermitteln sich dem einzelnen Mitarbeiter durch das Rollenvorbild seiner Kollegen und Vorgesetzten.
- Kollektivität: Unternehmenskulturen sind ein kollektives Phänomen; sie beziehen sich auf gemeinsame Orientierungen und Handlungsmuster.
- Orientierung: Unternehmenskulturen vermitteln nicht nur Sinn, sondern stiften auf Orientierung.
- Emotionalität: Unternehmenskulturen beziehen sich nicht nur auf Denken und Handeln, sondern haben auch eine emotionale Qualität.
- Historische Prägung: Unternehmenskulturen sind als kollektiver Wissensvorrat Ausdruck der in einem Unternehmen gemachten Erfahrungen.

4.2 Kulturtypen und Subkulturen

4.2.1 Ausgewählte Kulturtypologien

In der Literatur existiert mittlerweile eine beinahe unüberschaubare Vielzahl von Versuchen zur Systematisierung von Unternehmenskulturen. Eine wichtige Rolle hierbei spielen

Kulturtypologien. Ziel von Typologien ist es, durch eine bewusste Konzentration auf einige wesentliche Beschreibungsmerkmale die Vielfalt realer Erscheinungen auf wenige Grundformen zu reduzieren.

Deal und Kennedy glauben, dass ihre Typen bestimmten Wirtschaftsbranchen zugeordnet werden können. Zu unterscheiden sind demnach:

- Die „Harte-Arbeit-viel-Spass-Kultur": in dieser Kultur gegen die Unternehmensmitglieder nur selten ein größeres Risiko ein; die Kultur Ihres Unternehmens hält sie dazu an, vor allen Dingen Entscheidungen mit vergleichsweise geringem Risiko zu treffen.

- Die „Macho-Kultur der harten Männer": diese Kultur ist sehr individualistisch geprägt. Sie beschreibt eine Welt von auf sich allein gestellten Einzelakteuren, die regelmäßige hohe Risiken eingehen sehr schnell erfahren, ob sie richtig oder falsch gehandelt haben.

- Die „Risikokultur": der Arbeitskontext dieser Unternehmen ist durch die Kombination von sehr langsamen Markt-Feedback und gleichzeitig hohen Entscheidungsrisiko kennzeichnet.

- Die „Verfahrenskultur": die Mitglieder dieser Kultur agieren in einer Welt geringem Risikos und gleichzeitig begrenzter Rückkopplung.

Die zweite Möglichkeit der Kulturbeschreibung und -typologisierung orientiert sich an formalen Kriterien. Hier interessieren vor allem die Offenheit und Veränderbarkeit einer Kultur sowie die Stärke ihrer Ausprägung. Mit letzterem hat sich insbesondere Schreyögg eingehender befasst. Er erfasst die Stärke einer Unternehmenskultur anhand von drei Dimensionen:

- Prägnanz: eine Unternehmenskultur ist prägnant, wenn die von ihr vertretenen Orientierungsmuster klar und eindeutig vermittelt werden.
- Verbreitungsgrad: dieses Kriterium zielt auf das Ausmaß, indem die Organisationsmitglieder die Werte der Kultur teilen. Eine starke Unternehmenskultur leitet insofern das Handeln sehr vieler Menschen.
- Verankerungstiefe: dieses Kriterium bezieht sich auf den Grad, mit ihm die kulturellen Vorgaben vom einzelnen Unternehmensmitglied aufgenommen und zum selbstverständlichen Bestandteil seines alltäglichen Handelns geworden sind.

### 4.2.2 Subkulturen

Die bisherige Sicht war insofern vereinfachend, als stillschweigend davon ausgegangen wurde, dass ein Unternehmen nur eine einzige, quer über alle Hierarchieebenen, Altersstufen, Geschlechter, Nationalitäten und betrieblichen Funktionen gültige Unternehmenskultur besitzt. Insbesondere ältere bzw. große Unternehmen haben jedoch die Tendenz, innerhalb ihres übergreifenden kulturellen Rahmens Subkulturen auszubilden. Subkulturen sind mehr oder weniger integrierte Bestandteile der Gesamtkultur, die von ihr überformt werden und einen Großteil der universalen Werte des Unternehmens immer noch in sich tragen.

Subkulturen entstehen prinzipiell ähnlich wie Gesamtkulturen und besitzen auch dieselbe Aufbaulogik. Sie haben allerdings die Eigenschaft, sich nach einer gewissen Zeit vom ursprünglichen Wertekern des Unternehmens fortzubewegen und dabei eigene Verhaltenstandards zu entwickeln.

Anlässe für das Entstehen von Subkulturen sind unter anderem:

- Stark segmentierende Organisationsstrukturen
- unterschiedliche Ausbildungshintergründe und Arbeitssozialisation
- unterschiedliche Hierarchieebenen
- wichtig ist so zu demografischen Kriterien wie Alter, Geschlecht usw.

Schein behauptet, dass in den meisten Unternehmen wenigstens drei wesentliche Subkulturen existieren: die Kultur der oberen Führungskräfte, die Kultur der Arbeiter sowie die Kultur der Techniker. Dieser Subkulturen stünden in den seltensten Fällen miteinander im Einklang.

Für die Funktionalität einer Unternehmenskultur ist letztlich entscheidend, in welchem Verhältnis die innerorganisational ausdifferenzierten Subkulturen zum kulturellen Kern des Unternehmens stehen. Es lassen sich drei verschiedene Beziehungen zwischen Hauptkultur und Subkulturen unterscheiden:

- verstärkende Subkulturen
- neutrale Subkulturen
- konkurrierende Subkulturen

Subkulturen werfen zum einen methodische, zum anderen praktische Probleme auf. In methodischer Sicht ist zu fragen, wie Subkulturen von einer Hauptkultur unterschieden und abgegrenzt werden können. Das praktische Problem besteht vor allen Dingen in der Frage, ob man Subkulturen aktiv fördern, passiv dulden oder letztlich eindämmen und zerstören soll.

### 4.2.3 Erfassung von Unternehmenskulturen

Mit welchem methodischen Ansatz versucht wird, eine gegebene Unternehmenskultur zu erfassen, hängt vom jeweiligen Kulturverständnis ab. Vertreter des funktionalistischen Ansatzes betrachtet die Kultur als interne Variable, mit der das Unternehmen wichtige Wettbewerbsvorteile erringen kann. Unter funktionalistischer Perspektive geführte Erfassungsversuche stützen sich vor allen Dingen auf großzahlige Erhebungen.

Die Verfechter eines interpretativen Kulturansatzes konzentrieren sich vor allem auf kleinzahlige Einzelstudien qualitativer Art.

| Funktionalistischer Kulturansatz | Interpretativer Kulturansatz |
|---|---|
| • großzahlige Untersuchungen <br> • quantitativ <br> • überwiegend artikulierbare Einstellungen und Werte <br> • schriftliche oder mündliche Befragung <br> • standardisierte Fragebögen <br> • gemeinsame Begriffsbasis; Vergleichbarkeit | • kleinzahlige Einzel-Untersuchungen <br> • qualitativ <br> • überwiegend implizite Werte und Verhaltens-weisen <br> • (Verhaltens-) Beobachtung; ggf. Befragung <br> • Tiefeninterviews; hermeneutische Analysen <br> • einzelfallgerechte Erfassung |
| ⇨ Positivismus | ⇨ Subjektivismus |

Für das Management und die praktische Organisationsarbeit ist der funktionalistische Kulturbegriff am bedeutungsvollsten. Dies ist der Grund dafür, warum sich gerade Fragebögen und standardisierte Interviews in der Praxis einer großen Beliebtheit erfreuen.

## 4.3 Funktionen und Dysfunktionen starker Organisationskulturen

In geraffter Darstellung gilt, dass Unternehmenskulturen:

- dem Einzelnen Orientierung geben und hierdurch bei der Bewältigung der Koordinationsproblematik mitwirken (Koordinationsfunktion);
- den formalen Führungs- und Kontrollaufwand für das TOP-Management verringern (Entlastungsfunktion);
- die Entscheidungsfindung durch Etablierung einheitlicher Werte und Orientierungen erleichtern (Implementierungsfunktion);
- die Unternehmensstrategie im Idealfall unterstützen (Profilierungsfunktion);
- die Mitarbeiter motivieren (Motivationsfunktion);
- dem Unternehmen Kontinuität verleihen (Stabilitätsfunktion)

Allein auf diese positiven Kultureffekte zu schauen, würde jedoch zu kurz greifen, denn Unternehmenskulturen können auch ausgesprochen negative Wirkung besitzen.

Zunächst üben ausgeprägte Unternehmenskulturen oft einen überstarken Konformitätsdruck aus. Kreative Köpfe werden so eingeschüchtert und in ihrem kreativen Potential beschnitten.

Zum zweiten fördern starke Unternehmenskulturen Isolation und Abschottung. Dies zeigt sich insbesondere dann, wenn Subkulturen stark sind und die Gesamtkultur gleichzeitig nur schwach entwickelt ist. Diese Konstellation kann Abteilungsrivalität begünstigen.

## 4.4 Management und Wandel von Unternehmenskulturen

Insgesamt existiert eine Vielzahl verschiedener Ansatzpunkte zur Kulturbeeinflussung. Die wichtigsten Instrumente der Kulturformung bestehen in diversen primären und sekundären Mechanismen.

a) Primäre Mechanismen der Kulturprägung

- Selektive Aufmerksamkeit: Erwünschte Werte und Verhaltensweisen werden im Sinne einer positiven Verstärkung vom Vorgesetzten sichtbar herausgestellt.

- Eindeutige Bewertung: Der Vorgesetzte lässt seine Untergebenen nicht im Zweifel über seine Meinung über einen bestimmten Sachverhalt.

- Kriterien der Ressourcenvergabe und Anreizgestaltung: Mitarbeiter richten ihr Verhalten an den hierfür zu erwartenden Belohnungen aus.

- Kriterien für die Personalauswahl: Durch die Auswahl neu einzustellender, zu befördernder oder ggf. auch freizusetzender Mitarbeiter nach bestimmten Werten und Einstellungen dieser Personen kann die Unternehmenskultur gestärkt oder auch gezielt geschwächt werden.

b) Sekundäre Mechanismen der Kulturprägung

- Organisationsstruktur: Die durch die formale Aufbau- und Ablaufstruktur bestimmte Stellenzuschneidung und -einordnung wirkt über die hiermit verbundene Zuweisung von Aufgaben, Kompetenzen und Verantwortung ebenfalls kulturprägend.

- Führungssysteme: Analoges gilt für die ebenfalls zur Verhaltenssteuerung eingesetzten Führungssysteme. Hierzu zählen vor allem das betriebliche Planungs-, Kontroll- und Informationssystem.

- Förderung von Ritualen und wertevermittelnden Events: Durch besondere Veranstaltungen wie Weihnachtsfeiern wird ein Austausch gemeinsamer Ansichten gefördert.

- Unternehmensleitbilder und Unternehmensverfassung: Mit der Verabschiedung von Unternehmensleitbildern, die sich in konkrete Handlungsrichtlinien überführen lassen, wird die Kulturformung sinnvoll abgerundet und die Identität des Unternehmens gefestigt.

## 5. Organisatorischer Wandel

### 5.1 Formen und Ebenen organisatorischen Wandels

Die Ursachen der im Laufe der Zeit unausweichlich gewordenen organisationalen Veränderungen stammen entweder aus dem organisationalen Umfeld oder ergeben sich aus internen Quellen.

In der Literatur gibt es verschiedene Versuche, typische Phasen oder Stadien im Leben eines Unternehmens zu systematisieren. In und mit diesen Phasen versucht das Unternehmen, auf die Veränderungen seines Leistungskontextes angemessen zu reagieren.

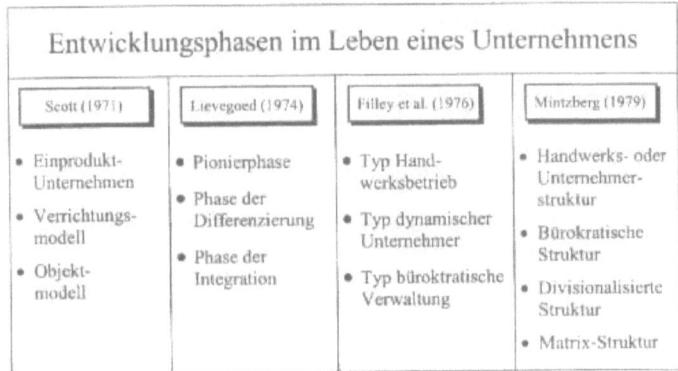

Stellvertretend sei kurz das Phasenschema von Mintzberg näher betrachtet.

Stadium 1a: Handwerksstruktur
Sehr viele Unternehmen haben ihre historischen Wurzeln in handwerklich geprägten Betrieben. Die Struktur dieser Betriebe ist vergleichsweise einfach: es handelt sich zumeist

um mehrere kleine Unternehmen, die der Handwerksmeister als alleiniger Vorgesetzte in der Regel durch persönliche Anweisung und Kontrolle führen kann.

**Stadium 1b: Unternehmensstruktur**
In der Unternehmensstruktur bilden sich zumeist erste formale Regelungen heraus, weil die Standardisierung von Fähigkeiten auf Grund der gelegentlich sehr unterschiedlichen Arbeitsanforderungen als Koordinationsmechanismus nicht mehr ausreicht.

**Stadium 2: Bürokratische Struktur**
Der Trend zu einer zunehmenden Formalisierung setzt sich in der bürokratischen Struktur fort.

**Stadium 3: Divisionalisierte Struktur**
Große Unternehmen stellen häufig fest, dass mit ihrem Größenwachstum eine Zunahme in der Heterogenität ihrer Produkte, Verfahren oder Kunden einhergegangen ist und sie diesen Unterschieden nicht mehr durch eine streng an Funktion orientierte Organisationsstruktur gerecht werden können. Diese Einsicht führt in vielen Fällen zu einer Gliederung nach Divisionen beziehungsweise Sparten.

**Stadium 4: Matrix-Struktur**
Mit der Einführung wird letztlich ein Mittelweg eingeschlagen: auf der einen Seite soll die zunehmende Aufsplitterung des Unternehmens in autonome Geschäftsbereiche verhindert werden, auf der anderen Seite möchte man aber auch nicht in die zentralbürokratische Steuerung zurückfallen.

Dabei sind folgende Ebenen des organisationalen Wandels zu unterscheiden:
- Strukturen, Prozesse und Führungssysteme (Restrukturierung)
- Strategien (Reorientierung)
- personelle Fähigkeiten und Verhalten (Revitalisierung)
- persönliche und organisationale alle Werte (Remodellierung)

5.2 Widerstand gegen den Wandel

Dabei sind zwei verschiedene Problemkreise voneinander zu unterscheiden. Während sich das Erklärungsproblem auf die Frage bezieht, wie und wo durch Veränderungswiderstand entsteht, ergibt sich das Gestaltungsproblem aus der Frage, wie Veränderungswiderstand bewältigt beziehungsweise reduziert werden kann.

Dabei sind zwei Ebenen von Veränderungswiderstand zu unterscheiden:

a) Widerstände aus der Person

Bequemlichkeit: die meisten Menschen neigen dazu, am Althergebrachten fest zu halten. Dies ist zunächst ein Aspekt der schlichten Bequemlichkeit und vor allem auch auf die kognitiv entlastende Wirkung von Routinen zurückzuführen.

Besitzstandsdenken: ein zweiter Grund, den Status quo zu verteidigen, liegt in der Frucht, lieb gewonnene Privilegien durch den geplanten Wandel zu verlieren.

Verselbstständigung: spezifische Arbeitsvollzüge bekommen einen Wert an sich und bedingen dann starke Veränderungsblockaden, wenn diese Tätigkeiten im Zuge von Wandlungsprozessen eingestellt werden sollen.

Emotionale Barrieren: je umwälzender der angestrebte Wandel ist, umso eher ergeben sich für viele Betroffene Probleme dadurch, dass alte Werte und Verhaltensweisen durch neue Anforderungen in Frage gestellt und vermeintlich entwertet werden.

b) Widerstände aus der Organisation

Unternehmenskultur: Veränderungen, die im Widerspruch im geltenden Normengefüge stehen und ihre bisherige Werte in Frage stellen, besitzen kaum Aussicht auf reibungslose Durchführung.

Strukturelle Hemmnisse: häufig werden die unternehmerische Strukturen, Ziele und Strategien erst mit einiger Verspätung angepasst.

Syndrom des „Not invented here": einige Veränderungsprojekte werden schließlich deshalb abgelehnt, weil sie nicht aus dem Unternehmen selbst kommen.

Aufgabe des organisationalen Veränderungsmanagements muss es sein, den aufgedeckten Reorganisationswiderstand zu reduzieren. Dabei haben sich insbesondere informations- und beteiligungspolitische Maßnahmen bewährt. Die personelle Veränderungsbereitschaft steigt, wenn:

- Einverständnis über die Wandlungsnotwendigkeit erzielt,
- das Veränderungskonzept selbst erarbeitet,
- die Veränderungen gemeinsam und im Konsens beschlossen und
- der Wandel durchschaubar gemacht wurde.

Welche praktischen Folgerungen sind hieraus ziehen? Zunächst einmal scheint eine offene Informationspolitik nahe zu liegen. Durch klare und verlässliche Informationen über Art, Ziel und Verlauf des beabsichtigten Wandels vermag sich der einzelne ein Bild vom Ausmaß seiner persönliche Betroffenheit zu machen.

Ähnlich ambivalent zu beurteilen ist die oben empfohlene Partizipation der Beteiligten am Veränderungsprozess. Zwar hat es sowohl motivationale als auch konzeptionelle Vorteile, wenn man sich die Erfahrungen und Kenntnisse des operativen Kerns gezielt zu Nutze macht, auf der anderen Seite kann die derart vergrößerte Beteiligtenzahl jedoch auch zu langwierigen Diskussionen ohne Ergebnis führen.

5.3 Management des Wandels

Mit der Planung, Initiierung und Durchführung von Änderungsprozessen den sozialen Systemen hat sich in besonders prägendem Maße Lewin befasst. Er geht davon aus, das der Erfolg und die Akzeptanz einzuführender Neuerungen vor allem von der Art des Einführungsprozesses abhängig sind.

In jedem Unternehmen wirken verstärkende und bremsende Kräfte. Sind beide Kräfte gleichgroß, besteht im Unternehmen ein Gleichgewichtszustand.

| akzelerierende Kräfte | retardierende Kräfte |
|---|---|
| Wandel in der Umwelt (externe Anlässe), z.B. neue Technologie | Widerstand bei Individuen (z.B. Gewohnheit, Angst, Sicherheitsstreben, Abhängigkeit) |
| Wunsch nach Wandel in der Organisation (interne Anlässe), z.B. Humanisierung der Arbeit | Widerstände auf Organisationsebene (z.B. Kurzzeitorientierung, fehlende Ressourcen, Angst vor Unruhe) |

Dementsprechend sollen individuelle wie kollektive Änderungsakte in drei Phasen ablaufen:
1. auftauen
2. verändern
3. stabilisierte

Menschen sind in der Regel nur dann bereit, einen eingespielten Status Quo aufzugeben, wenn ihnen die Notwendigkeit hierzu hinreichend verdeutlicht wird. Diese Zielstellung kennzeichnet die Hauptfunktion der Auftauphase.

In der anschließenden eigentlichen Veränderungsphase werden die angestrebten Anpassungen vorgenommen. Um zu verhindern, dass nach kurzer Zeit wieder in die eingeschliffenen Strukturen und Verhaltensweisen zurückgefallen wird, muss das Veränderungsmanagement die frisch etablierten Änderungen einfrieren.

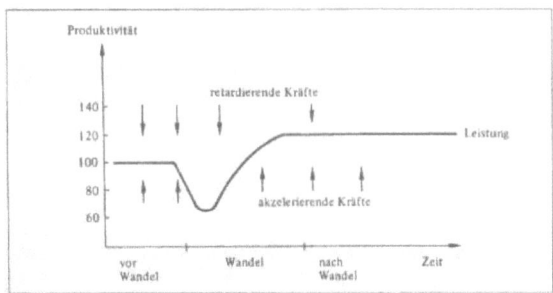

5.4 Praktische Ansätze des organisationalen Wandels

5.4.1 Organisationsentwicklung

Die konkreten Techniken der Organisationsentwicklung werden gemeinhin danach geordnet, auf welcher Ebene der Organisation sie ansetzen.

a) Techniken auf der Ebene des Individuums

Individuumsabhängige Techniken sind zum Teil identisch mit den klassischen Techniken der Personalentwicklung. Organisationsberatern geht es im Rahmen der Organisationsentwicklung jedoch weniger um die individuelle Weiterbildung als vielmehr um die hiermit einhergehenden Veränderungsfähigkeiten einer Organisation.

b) Techniken auf strukturaler Ebene

Im Vordergrund stehen Strategien der qualitativen Arbeitsbereicherung (Job Enrichment), der quantitativen Arbeitsfeldvergrößerung (Job Enlargement), des systematischen Arbeitsplatzwechsels (Job Rotation) sowie die Einrichtung teilautonomer Arbeitsgruppen.

## c) Techniken auf prozessualer Ebene

Die prozessorientierten Interventionstechniken widmen sich der Analyse und Veränderung zwischenmenschlicher Arbeits- und Kommunikationsprozesse. Besonders wichtig sind die Prozessberatung, die Teamentwicklung, die Drittparteien-Intervention sowie die Survey-Feedback-Methode. Die Prozessberatung zielt darauf ab, die während eines Veränderungsprozesses erkennbar werdenden Verhaltensbesonderheiten der einzelnen Prozessbeteiligten aufzudecken.

Im Gegensatz zur Prozessberatung ist bei der Teamentwicklung nicht ein mehr oder weniger akutes Problem der Ausgangspunkt. Teamentwicklungsmaßnahmen sind vielmehr von dem generellen Wunsch des Management getragen, den Zusammenhalt einer neu gegründeten Arbeitsgruppe zu steigern.

Prozessberatung, Drittparteien-Intervention und Teamentwicklung sind prozessorientierte Techniken, die auf der Gruppenebene der Organisation ansetzen. Eher auf der gesamtorganisationalen Ebene angesiedelt ist hingegen die Survey-Feedback-Methode. Diese kombiniert eine fragebogengestützte Datensammlung mit dem Ansatz einer möglichst raschen Ergebnisrückkopplung der gewonnenen Daten an die Organisationsmitglieder.

Die zentralen Leitideen der Organisationsentwicklung fasst die folgende Abbildungen noch einmal zusammen:

- Einschaltung externer Spezialisten
- ganzheitlicher Ansatz, d.h. Veränderung sowohl der Strukturen als auch der Personen
- systematische Anwendung sozialwissenschaftlicher Erkenntnisse
- Verhalten und Verhaltensursachen im Mittelpunkt
- weniger inhaltliche als vielmehr methodische bzw. prozessuale Unterstützung
- Hilfe zur Selbsthilfe
- Nebeneinander sozialer und ökonomischer Ziele

### 5.4.2 Total Quality Management

Konzept und Begriff des TQM sind in Japan entstanden. Es beschreibt ein langfristig angelegtes, integriertes Konzept, mit dem die Effizienz der internen Prozesse und die Qualität von Produkten und Dienstleistungen in einem Unternehmen kontinuierlich verbessert werden sollen.

Zumindest zwei Qualitätsbegriffe lassen sich unterscheiden: Qualität kann zum einen als interner Produktionsstandard definiert werden und sich dann primär auf die Prozess- bzw. Fertigungsqualität eines Erzeugnisses beziehen. Zum anderen kann die Qualität einer Unternehmensleistung über das Ausmaß definiert werden, mit dem diese Leistung die Kundenerwartungen erfüllt.

Das grundlegend Neue am Total Quality Management ist, dass es die Qualitätsanstrengungen nicht mehr allein auf die Produktentwicklung oder rein technische Produktionsprozesse konzentriert, sondern vielmehr allen Einheiten Qualitätsverantwortung zuschreibt.

TQM stellt auch nicht mehr nur auf die nachträgliche Überprüfung von Qualität ab, sondern strebt im Sinne einer rechtzeitigen Vorkehrung nach einer präventiven Vermeidung von Qualitätsfehlern.
Die Kerngedanken des Total Quality Management sind wie folgt zusammenzufassen:

- Orientierung am internen und externen Kunden
- ganzheitlicher Qualitätsbegriff, der nicht nur das Endprodukt betrachtet, sondern auch vorgelagerte Wertaktivitäten einbezieht
- Zero-Defects (Fehler werden als Lernquelle betrachtet; dennoch gilt die Forderung nach absoluter Fehlervermeidung)
- ständiger Verbesserungsprozeß (Kaizen = jap. „neuer Weg")
- nicht-delegierbare Qualitätsverantwortung
- Konzentration auf Prozesse und Prozeß-Schnittstellen sowie
- Mitarbeiter als Zentrum der Analyse und Gestaltung

### 5.4.3 Lean Management

Das Lean Management umfasst den gesamten Wertschöpfungsprozess des Unternehmens und verkörpert insofern einen ganzheitlichen Ansatz der Unternehmensführung. Lean Management beschreibt ein Managementsystem, das materielle und immaterielle Produkte in vorzüglicher Qualität und Geschwindigkeit bei gleichzeitig ungewohnt niedrigem Aufwand herstellen kann.
Die folgende Abbildung zeigt die wichtigsten Leitprinzipien des Lean Management:

- Ausgeprägtes Streben nach Kundennähe
- Gruppen- und Teamorientierung
- schnelle Ergebnisrückkopplung und ständige Information der Mitarbeiter (v.a. auch in der Fertigung)
- ständiger Verbesserungsprozeß in kleinen, beherrschbaren Schritten („Kaizen") und sofortige Fehlerabstellung an der Wurzel
- Realisierung von Zeitvorteilen (u.a. via Simultaneous Engineering, zeiteffiziente Anordnung von Maschinen und Arbeitsplätzen)
- Bevorzugung der schlichten Lösung (u.a. Segmentierung, verringerte Teilevielfalt, Modulbauweise, Outsourcing).

### 5.4.4 Business Process Reengineering

Im Einzelnen prägen folgende Grundideen das Business Process Reengineering:

- Orientierung an Unternehmensprozessen: alle Aktivitäten sind wertrelevant; Schnittstellen behindern Kooperation und Effizienz
- Fundamentales Überdenken: Nichts wird als selbstverständlich hingenommen, auch bewährte Methoden sind zu verbessern
- Radikales Redesign: Prozesse sollen nicht geringfügig verfeinert, sondern von Grund auf neu gestaltet werden
- Ganzheitlichkeit: die volle Leistung des Konzepts wird nur erreicht, wenn kein Unternehmensbereich ausgeklammert wird
- Dramatische Verbesserung: Ziel sind völlig neue Leistungsdimensionen, eine neue Qualität der Wertschöpfung
- Top-Down-Ansatz: das Top-Management muß straff und entschieden führen; „wirkliche" Revolutionen werden nicht durch Diskussion erreicht.